시계와 문명

ⓒ 1981, 1996 by Società editrice il Mulino, Bologna
Le macchine del tempo. L'orologio e la società 1300-1700
Original Edition: *Clocks and Culture, 1300-1700*, London, Collins & Co. Ltd., 1967

Korean Translation copyright ⓒ 2013 by Mizibooks

이 책의 한국어판 저작권은
Società editrice il Mulino 사와의 독점 계약으로 도서출판 미지북스가 소유합니다.
저작권법에 의하여 한국 내에서 보호를 받는 저작물이므로 무단 전재와 무단 복제를 금합니다.

시계와 문명

1300~1700년,
유럽의 시계는
역사를
어떻게 바꾸었는가

카를로 M. 치폴라 지음 | 최파일 옮김

CLOCKS AND CULTURE
CARLO M. CIPOLLA

일러두기

1. 인명과 지명 등 고유명사의 원어는 찾아보기에서 확인할 수 있다.
2. 본문에서 *표시의 각주는 옮긴이의 것이다.
3. 지은이의 주석은 본문에 번호를 달고 후주로 밝혔다.
4. 인용문 안의 ( )는 인용자, 즉 지은이가 덧붙인 것이다.
5. 중국어 인명의 경우 신해혁명(1911년) 이전의 인물은 한국식 한자음으로, 이후의 인물은 현대 중국어 발음을 따랐다.

인문주의 없이는 아무것도 없다.
Nihil sine humanitate.

차례　CLOCKS AND CULTURE

추천의 글 | 리처드 올러드 _ 009
소개의 글 | 앤서니 그래프턴 _ 011
서문 _ 017

| 프롤로그 |

도시의 승리 _ 023
기계 문명의 태동 _ 028
실용성과 실리주의의 확산 _ 032
숙련공의 이주가 경제의 흥망을 좌우하다 _ 040
과학혁명을 예비하다 _ 045

| 1장 | 유럽, 시계를 만들다

기계식 시계의 출현 _ 053
새로운 원동력, 태엽 시계의 등장 _ 074
시계 장인들 _ 079
런던과 제네바, 시계 산업 중심지로 부상하다 _ 095
시계의 대량 생산 _ 106

| 2장 | 중국, 시계와 조우하다

가진 게 '은'밖에 없었던 유럽 _ 117
자명종으로 황실의 문을 열다 _ 122
장난감으로 전락한 시계 _ 131
유럽산 저가 시계의 보급 _ 135
왜 중국은 실패했는가라는 물음 _ 139

| 에필로그 | _ 153

부록 _ 161
후주 _ 167
참고문헌 _ 211
옮긴이의 말 _ 230
찾아보기 _ 232

| **추천의 글** |

이 책의 서문을 부탁받는 것은 크나큰 기쁨이자 영광이다. 그리고 기쁨이란 아무리 심각하고 학구적인 연구라 할지라도 치폴라 교수가 키를 잡은 연구의 뱃머리에서라면 언제나 얻을 수 있는 것이다. 이 저작은 두 가지 의미에서 『대포, 범선, 제국』과 상호보완적이다. 『대포, 범선, 제국』은 중세에만 해도 간신히 생존을 유지하던 대륙인 유럽이 세계를 지배하게 되는 경제적, 기술적 과정을 그렸다. 이 책은 그 주제 및 그와 연관된 인간의 현실을 더 깊이 있게 탐구하려는 시도이며 그 탐구는 에필로그에서 결코 잊을 수 없게 그려진다. 측시학^{horology}이 연구 분야로 선택된 것은 우연이 아니다. 시계는 모든 정밀 기계의 원형이다. 일단 시계가 섬세하고 매혹적인 장난감으로서 단순히 찬탄의 대상에 그치지 않고 하나의 정밀 기계로 여겨지는 순간, 순진무구했던 산업의 시대는 끝난다.

『시계와 문명』은 한편으로는 명백하게, 한편으로는 뜻밖의 방식으로 『대포, 범선, 제국』을 보완한다. 즉 대포와 시계의 발전을 선도한 수공업자들이 흔히 같은 사람이었던 것이다. 비록 이제는 손목시계와 유도미사일을 동일한 가게에서 구할 수 없다 하더라도, 그 둘을 고찰하는 눈길에는 알아차릴 수 있을 만한 친연 관계가 드러난다.

리처드 올러드 Richard Ollard*

---

* 영국의 역사가이자 전기 작가로 2007년에 사망했다. 『시계와 문명』 초판을 출간한 런던의 콜린스 출판사에서 출간 당시(1967년) 선임 편집자로 있었다.

| 소개의 글 |

카를로 치폴라 : 박학다식과 상상력

사반세기 전 위대한 미국 역사가 잭 H. 헥스터는 동료들을 "뭉치는 파"와 "쪼개는 파"라는 두 집단으로 나눴다. 헥스터의 설명에 따르면 어떤 역사가들은 거대한 가설을 궁리하고 그 가설을 뒷받침하는 사실과 자료를 취합한다. 그 과정에서 흔히 사실이나 자료는 맥락에서 벗어나거나 왜곡된다. 반대로 어떤 역사가들은 거대한 역사적 주장은 대개 역사가의 빈약한 자질을 반영할 뿐이라고 논박하면서 동료들의 거대 이론이 제시되는 즉시 무너트린다. 뭉치는 파는 인간의 다양한 차이점들을 동일한 범주 안에 집어넣고, 신념과 이데올로기의 미묘하지만 결정적인 특징을 무시한다. 그러나 쪼개는 파는 역사를 일정한 형태나 방향 없이 마구 뒤섞인 혼돈으로 환원하는 미시적 정확성을 강요한다. 헥스터는 이러한 구분을 특정한 논증적 목적을 위해 인용했지만—그는 이 구분법의 창안을 예일대의 어느 동료의

공으로 돌렸다―많은 이들은 여전히 이러한 구분이 현상을 잘 설명해준다고 믿는다. 다른 사람들은 이것과는 살짝 다르지만 위대한 프랑스 학자 에마뉘엘 르 루아 라뒤리가 제시한 마찬가지로 생생한 구분법을 인용한다. 르 루아 라뒤리는 역사가를 두 부류로 분류했다. 한 부류는 높은 곳에 떠서 풍경을 살펴보고 가장 전반적인 특징들을 묘사하는 낙하산 부대원이다. 다른 한 부류는 문서고의 개별 사료들에 얼굴을 파묻고 있는 송로버섯 채취인이다. 이러한 큰 틀의 설명은 둘 다 어느 정도 그럴듯하게 들린다. 어떤 역사가들은 특히 종합에, 즉 커다란 역사적 문제들을 설정하고 해결하는 데 능하다. 또 어떤 역사가들은 한 개인이나 가족, 작은 공동체의 삶을 애정을 담아 재구성하면서, 지엽적이고 세세한 수준에서 가장 잘 작업한다.

    2000년에 작고한 카를로 치폴라는 이런 구분이 결코 들어맞지 않는 극소수의 20세기 역사가 중 한 명이었다. 그는 문서고의 기초 작업에서 나온 미시적 연구부터 1천 년의 이탈리아 역사를 아우르는 교과서에 이르기까지 모든 수준에서 뛰어난 연구를 보여주었다. 그는 보통 개별적으로 다루어지는 역사학의 각 분과에서 활동하면서 동시에 그것들을 종합했고, 장인의 솜씨로 빚어낸 두 가지 역사는 서로를 규명한다. 대부분의 이탈리아 학자들처럼 치폴라도 지역 문화에 깊이 뿌리 내리고 있었고 그의 경우는 자신이 태어나고 죽은 파비아의 문화였다. 그는 이탈리아 도시들을 사랑했고 고대 주화와 미술품을 수집했으며 어느 모로 보나 전통적인 유럽풍의 대학자였다. 그러나 치폴라는 또한 매우 젊은 시절에 이미 경제사의 여러 연구 방법뿐만 아니라 여러 언어에 능통했다. 그의 관심사와 경력은 곧 국제적인 것이 되었고 그는 엄선된 학자들로 구성된 이탈리아의 학문 연구 기관인 피사의 고등사범학교와 더불어 미국 버클리대학교에서 30년 넘게 가르쳤다. 그간에 그는 놀라울 만큼 많은 분야를 개척했다. 새로운 종합적 논제를 선구적으로 제시하면서 인구학적 역사와 화폐의 역사, 문자 해득률의 발전, 공중위생의 역사의 중요성을 밝혔으며 전근대 유럽 경제의 장기적 발전을 추적했다. 그러나 그는 또한 경험이 풍부하고 성실한 기록보관소 사료 연구자였고 말년에는 문헌들을 통해 이탈리아 도시 정부들이 역병의 창궐에 대처한 방식을 재구성했다.

치폴라는 기술이 세계사에서 결정적인 역할을 한다는 점을 대다수의 다른 역사가들보다 훨씬 일찍 이해했다. 그는 또한 기술의 역사가 장치들과 그러한 장치들이 어떻게 만들어지는지에 대한 기술적 연구 이상임을 이해했다. 그리고 비범한 두 저작 『대포, 범선, 제국』과 『시계와 문명』에서 특정한 기계들―유럽인들에게 일찍이 제해권을 선사한 원양항해선과 효과적인 대포, 유럽 도시들에서 상인과 수공업자의 직업 규율을 변화시킨 시계―이 유럽의 정치력과 군사력의 비상한 부상을 설명하는 데 보탬이 됨을 논증했다. 치폴라는 유럽인들이 사용한 기계가 모조리 유럽의 발명품은 아니라는 사실을 누구 못지않게 잘 알고 있었다. 시계 수집가로서 그는 아시아와 중동의 민족들이 유럽인들보다 훨씬 앞서 시간을 재는 정교한 기구를 만들어냈다는 사실을 알았다. 그러나 그는 또한 유럽인들이―다른 사람들과 그들의―발명품을 그들만의 체계적이고 효과적인 방식으로 이용했고 그렇게 함으로써 경쟁자들에 맞서, 세계사를 결정하는 데 도움이 된 기술적 우위를 획득했다고 믿었다.

여러 대륙과 학계의 문화에 가교를 놓는 위치 덕분에 치폴라는 이러한 거대 이론들을 제안할 뿐만 아니라 그것들을 상세한 논문 수준까지 추구할 수 있었다. 그는 유럽의 방대한 기록보관소와 소장 필사본에 쉽게 접근할 수 있었고 문헌과 도판을 찾아 열심히 뒤졌다. 동시에 방대한 미국 도서관에도 접근할 수 있어서 미국의 자료를 활용해 유럽에서는 수행하기가 훨씬 힘들었을 일종의 비교 연구를 수행할 수 있었다. 그리고 그는 자신의 연구를 협력 작업으로 만들었다. 그의 세미나에 참석하는 학생들은 자신의 학술 논문을 치폴라의 대규모 연구 기획에서 영감을 얻은 특정한 질문들에 투자했다. 그들은 중국어처럼 치폴라가 읽지 못하는 언어로 쓰인 사료들을 읽었고 그의 방대한 시야 바깥에 위치한 분야의 연구 성과를 조사했다. 다방면의 동료들도 그에게 조언을 주었다. 결과는―여러분 앞에 놓인 책에서 보다시피―놀라웠다. 200쪽이 조금 넘는 분량으로 치폴라는 여러 대륙과 수 세기를 아우르며 기술 공학의 역사를 검토하고 시간에 대한 새로운 관념의 발전을 재구성하며 그렇게 함으로써 선배 연구가들이 대체로 무시한 사실들을 정확히 집어냈다.

『시계와 문명』은 광범위한 주제를 다룬다. 치폴라는 독자들에게 서양 사회에서 시계와 시계를 만든 사람들이 수행한 기능에 대한 통찰력 있는 논의를 제공한다. 도시의 성장, 이주移住가 사회를 변화시키는 힘, 기술적인 것과 철학적인 것을 결합한 새로운 지식의 발전에 대한 다채로운 분석이 제공된다. 그리고 서양과 동양이 각각 첨단 기술 순수입국과 순수출국 상태에서 벗어나게 된 이유들에 대해서 활발한 추정을 내놓는다. 치폴라는 커다란 질문들에 대한 열정에 사로잡혀 반대로 역사 기록의 특이성과 예외성에 대한 열정이 흐려지거나 모든 유럽인이나 아시아인이 똑같은 식으로 사고하거나 행동했다고 주장하지 않았다.

불가피하게도 학자들은 치폴라의 저작이 처음 나온 이후로 몇몇 측면에 단서를 달았다. 존 노스와 게르하르트 도른폰 로숨, 데이비드 랜즈, 오토 마이어, 존 하일브론, 에마뉘엘 풀의 두툼한 저작들은 시계와 시간 측정 기술의 발전을 새롭게 조명했고 파멜라 롱과 다른 기술사가들은 최초의 탈진 시계escapement clock를 만들어낸 기술자들에 대해 훨씬 더 많은 사실을 밝혀냈다. 케네스 포머런츠와 벤저민 엘먼 그리고 다른 이들이 진행 중인 연구는 유럽이 언제부터 아시아보다 생산성이 높아지고 기술적으로 앞서나가게 되었는지를 둘러싼 전통적 시각을 변화시킬 가능성이 크다. 그럼에도 불구하고 치폴라의 책은 유럽인들이 시간을 다뤄온 방식에 대해 어떤 본질적인 것을 포착하며, 이 책을 읽는 것이 즐거움이 되고 더 생각해볼 만한 자극이 되는 폭넓은 다양성과 신선함을 간직하고 있다. 커다란 역사적 문제를 제기하면서 동시에 거기에 꼼꼼하고 정확하게, 지엽적 수준에서 대답하는 드문 책들 가운데 하나인『시계와 문명』은 새로운 세대의 독자를 만날 자격이 충분하다.

앤서니 그래프턴 Anthony Grafton[*]

---

[*] 2013년 현재 미국 프린스턴대학교의 헨리퍼트넘대학 역사 교수로 재직 중이다. 치폴라가 1995년에 수상한 발잔상(Balzan Prize)의 2002년 수상자이기도 하다.

| 서문 |

1338년 여름 갤리선 한 척이 베네치아를 떠나 동방으로 향했다. 갤리선에 실린 여러 물건들 가운데에는 시계, 십중팔구 조반니 로레단이 델리에서 팔기를 바란 기계식 시계도 하나 실려 있었다. 나중에 몇몇 상인들이 화물에 대한 배상을 법정에서 주장했기 때문에[1] 우리는 이에 대해 알고 있다. 당시 어느 연대기 작가도 여기에 주목하지 않았고 현대 역사가들도 이 사건을 거의 언급하지 않는다. 그러나 이것은 운명적인 사건이었다. 유럽이 기계를 아시아로 수출하기 시작한 것이다. 그 시작은 미약했지만 새로운 시대가 열리고 있었다.

이 책은 기술사에 기여하는 책이 아니다. 이 이야기의 기술적 측면에 대한 적절한 정보를 얻고 싶은 독자는 에른스트 폰 바서만요르단, 프레데릭 J. 브리튼, 레오폴드 드포세, 앨런 로이드, 조지프 니덤, 존 D. 로버트슨, 데릭 J. 솔라 프라이스, 에른스트 치너 등의 고

전적 저작들을 참고해야 한다. 비록 시계는 앞으로 읽게 될 본문에서 두드러진 위치를 차지하지만 이 책은 본질적으로 경제와 사회의 역사에 대한 탐구이며 사람들과 그들의 성향, 사회와 사회의 가치체계에 초점을 맞춘다.

이 연구가 아우르는 기간은 1300년부터 1700년까지이다. 이따금 1700년 이후에 일어난 사건도 언급하지만 앞선 시기의 사건들의 의미를 명확하게 하기 위해 예외적으로만 언급한다. 18세기의 발전은 분명 개별적이고 더 상세한 논의가 따로 필요하다.

여기서 감사의 말을 드려야 할 분들은 많다. 바바라 다넬 부인은 원고를 편집해주었다. S. C. 안과 F. 보넬리, 캐시 체임벌린, P. G. 쿨, F. 크루제, H. F. 데이닝어, G. E. 페라리, C. 폴런, 미미 하트퍼드, E. 헬린, G. C. 허칭스, L. 예베리, J. 르 고프, J. R. 러벤슨, Ch. 머스캐틴, J. 뮐바우어, M. 오가타, N. V. 리아사노프스키, D. S. 스미스, G. C. 소울리스, F. 스투베니츠키, 비티히 씨와 비티히 부인, 그 외에도 많은 분들이 내가 역사적, 기술적, 언어적 문제로 고생하고 있을 때 도움을 주었다. H. 갈리오는 프랑슈콩테의 시계공에 관한 자신의 미출간 논문을 읽도록 허락했다. 파리 국립문서보관소 소장과 아우크스부르크 문서보관소 소장은 중요한 정보를 너그러이 제공해주었다. 나의 비서인 프랑카 젠나로는 모든 도움을 아끼지 않았다. 캘리포니아 경제·경영연구소는 나의 연구를 얼마간 재정적으로 지원해주었다. 그곳의 모든 분들께 감사를 표하고 싶다. 또한 존 르

수어와 그의 가족의 관대한 환대에도 감사드리고 싶다. 이 책의 마지막 부분은 캘리포니아 산타마리아에 있는 그들의 집에서 쓰였다.

몇 년 전 『대포, 범선, 제국』으로 골치를 썩고 있는 동안 한 매력적인 부인이 내 저작에 유용한 관심을 보여주었다. 유감스럽게도 그분의 이름은 그 책의 감사의 말에 실리지 않았다. 시계에게는 모든 하루가 다 똑같고 동일한 길이이다. 사람들에게 하루하루의 의미는 각기 다르다. 이 책은 아름다운 나머지 너무도 짧았던 날들을 회상하며 쓰였다. ut hora, Ora, sic dies nostri(우리의 날은 시간과 같다).

| 프롤로그 |

도시의 승리

천 년 전 서유럽 대부분은 야생동물이 우글거리고, 그 시대 사람들의 상상에 따르면 요정과 난쟁이, 악령이 넘쳐나는 커다란 숲으로 덮여 있었다. 무수한 습지가 널리 퍼져 있었으며 남쪽에서는 말라리아모기가 암울한 참상과 죽음의 분위기를 조성했다. 옛 로마제국의 지리적 경계 안에 자리한 소수의 도시는 제대로 된 도시라기보다는 촌락에 가까워보였고 다른 곳에서는 아예 도시랄 게 없이 그저 한 줌의 작고 지저분한 촌락밖에 없었다.

사람들은 수가 적었고 몸집은 작았으며 수명도 짧았다. 사회적으로 그들은 싸우고 사냥하는 사람, 기도하고 배우는 사람, 일하는 사람으로 나뉘어 있었다. 싸우는 사람은 흔히 빼앗기 위해서 싸웠다. 기도하고 배우는 사람은 적게 배우고 기도는 미신적으로 많이 했다. 일하는 사람이 가장 수가 많았고 가장 신분이 낮은 집단으로 여겨졌다. 노동은 낮은 신분임을 나타내는 표지였다. 사람들은 고된 노동은 고귀함과 양립할 수 없다고 보았고 베네딕투스 수도회의 "기도하고 일하라(ora et labora)."라는 표어는 노동을 고상하게 만드는 데 충분하지 않았다.

기술 수준은 극히 낮았다. 일하는 사람 대부분은 가난하고 무지한 농민이었다. 인생에서 그들의 주된 위안거리는 일 년에 한 번 마을 축제에서 술에 취하고 밤에 아내와 함께 즐기는 것이었는데, 그것은 부수적으로 극도로 높은 유아사망률을 상쇄하는 역할을 했다. 소수의 수공업자에 관해서 말하자면, 그 가운데 일부는 값싼 용역을 제공하며 이 마을에서 저 마을로 떠돌았다. 일부는 장원에 정착해 영주와 지역사회에 품을 제공하는 대가로 땅뙈기를 얻는 쪽을 택했다. 그들은 작업 시간의 일부는 밭을 가는 데, 나머지 시간은 얼마간의 집기를 만들어내는 데 할애했다. 제품은 대체로 원시적이고 조잡했다. 사람들은 돈을 위해 악마에게 영혼을 팔고 여러 중심지를 돌아다니며 흔한 물건과 신기한 물건, 즉 곡물과 비단, 향신료, 노예, 보석 같은 물건을 파는 사악한 떠돌이 모험가들—"상인들"—의 수중에서 비유럽 지역의 물건을 어쩌다 한 번씩 구경할 때마다 경탄의 눈으로 바라보았다.

이 칙칙한 그림은 10세기 중반 이후 호전되는 기미를 보여주며

11세기 중반 이후에는 더욱 뚜렷하게 호전된다. 인구가 성장하고[1] 생산이 증대했으며 장기적으로 재화가 인구보다 더 크게 증가했다. 그러한 과정이 필연적으로 서로 연결되는 것은 아니다. 특히, 가난한 경제의 경우에 인구 성장은 실제로 빈곤의 증대를 의미할 수도 있다. 그러나 그런 일은 유럽에서 일어나지 않았고 어째서 그런 일이 일어나지 않았는지에 대해 우리는 잘 모른다. 오늘날 우리의 경제사 교과서들은 언제나 얼마간의 설명을 제시하지만, 그러한 설명이 서기 1000년의 사람들이 느꼈던 두려움에 관한 옛이야기 수준이 아닐 때조차도 그리 대단한 진전을 보이지는 않는다. 동의할 수 있는 일반적인 진술들이 있기는 하다. 인구 성장 속도는 분명 빠르지 않았고 생산 체계의 병목 현상은 극복하기 그리 어렵지 않았다. 농업 "개척지대 frontier"[2]의 확장에 필요한 토지도 많았고 기술도 발전했다.[3] 교역과 제조업도 확대되었다.

적절하게 다루려면 여러 권의 책이 필요한 문제를 고찰할 만한 자리는 아니지만, 우리는 여기서 한 가지 사실, 즉 발전의 원인이자 동시에 결과였던 사실을 강조해야 한다. 우리가 아는 한, 도시 인구가 나머지 지역의 인구보다 더 크게 성장했다. 도시의 토지가 더 비옥하거나 도시의 인구 사망률이 더 낮아서라기보다는 사람들이 농촌에서 도시로 이주했기 때문인 것 같다. 옛 로마제국의 경계 안에서 이전 세기 동안 간신히 생존하고 있던 도시들은 규모가 점점 커졌고 갈수록 늘어나는 주변 지역으로 성벽을 새로 쌓거나 다시 올려야 했다. 옛 로마니아* 경계 바깥에는 새로운 도시들이 기존의 촌락에서 성장하거나 황무지에서 생겨났다. 산업혁명 때까지 유럽의 인구는 도시보다 농촌에 더 많았지만 11세기 이후 도시 인구 비율은 꾸준하게 늘어났고 사실상 서유럽 문명의 발전에서 가장 역동적인 요소를 대표하게 되었다.

사람들이 도시로 간 까닭은 시골의 경제적 상황이 딱히 나빠져서라기보다는 도심지에서 얻을 수 있는 기회가 늘어나고 있었기 때문이라고 믿을 만한 근거가 있다. 사실, 나는 기술적 혁신 그리고 장원 경제 체제의 진화와 확산 덕분에 느리긴 해도 시골에서도 형편이 나아지고 있었다고 추측한다. 사람들은 도시에 경제적, 사회적 상승을 위한 더 나은 기회가 있으리라 믿고 농촌을 떠났으며 이러한 믿음에서 그들은 농촌 사회의 느린 유동성을 참지 못하게 되었다. 독일에서는 "슈타트루프트 마흐트 프라이(Stadtluft macht frei)."라고들 했다. '도시의 공기는 사람을 자유롭게 한다.'는 뜻이다. 여러 측면에서, 이러한 움직임은―동기와 정서를 놓고 볼 때―19세기 유럽인들의 미국 이민을 닮았다. 두 경우 모두 사회적으로 더 개방적이고 경제적 기회가 더 많은, 더 좋은 세계로 간다는 똑같은 희망이 있었다.

도시로 이주한 사람들 상당수가 미숙련 노동자, 흔히 도시로 이주한 다음 직업 기술을 배운 젊은이들이었다. 그러나 경제 전반의

---

* 후기 서로마제국과 동로마제국을 통틀어 가리키는 말이다.

발전이 농촌 지역에도 영향을 주면서 농촌에서도 수공업자들의 수가 많아졌고 적어도 선진 지역의 일부 촌락에서는 실제로 수공업 전통이 발전했다. 하지만 현지의 수요가 몇몇 숙련공의 생계 그 이상을 뒷받침할 만큼 충분하지는 않았으므로 이러한 수공업자들 다수도 도시로 이주해 도시 노동력을 확대했다.

　도시에서는 낙관주의가 우세했고, 이는 개혁을 향한 일반적인 열망과 상호 협동을 위한 진정한 욕구를 키웠다. 개혁에 대한 열망은 당시 팽배한 시대적 분위기에 따라 종교적 색채를 띤 반면, 상호 협동 욕구는 대체로 사회정치적 수준에서 작동했다. 길드가 성장했고 길드 위로는 더 큰 형태의 연합체—자치도시*가 발전했다. 이러한 연합체들은 기존의 제국이나 왕국, 봉건영주로부터 사법적 지위를 요구해 인정을 받는 데 성공했으며 평화적으로 혹은 폭력적 수단을 통해 독립적인 사법적 권한을 획득했다. 주변의 봉건 세계에 대한 자유민들의 연합체의 승리는 서유럽 역사에서 진정한 전환점이었다. 그 후로 일어난 일은 모두 이 중대한 변화의 논리적 귀결이었을 뿐이다.

　봉건영주와 지주들은 도시에 살게 되었거나 도시로 올 수밖에 없었다. 도심지는 신부와 수도사, 수녀로 넘쳐났다. 그러나 도시는

---

* 원어는 코무네(comune). 11세기 말 북부 이탈리아에서 가장 먼저 출현한 중세 유럽 특유의 도시 공동체이다. 상인, 수공업자 등 도시민이 주축이 되어 형성되었다.

근본적으로 상인과 수공업자의 영역이었다. 중세와 르네상스를 거치면서 서유럽에서 총인구 대비 도시 인구 비율이 커짐에 따라, 상인과 수공업자는 전체 유럽 인구에서 갈수록 더 많은 비중을 차지하게 되었다.

기계 문명의 태동

도시 길드는 제품의 품질 기준을 정하고 견습생 훈련을 규제하고 제도화함으로써 수공업 기술과 숙련 수공업자 계급의 발전에 긍정적인 역할을 했다. 그러나 이를 근거로 길드의 중요성을 과장해서는 안 된다. 길드가 없는 많은 마을들에서도 수공업 전통의 성장을 목격할 수 있었다. 다른 한편으로 도시 길드의 존재가 금방 독점 경향을 낳아, 숙련 노동의 공급을 확대하기보다 제한하려고 했다는 사실은 충분히 밝혀졌다.

길드는 구성원들에게 봉건 사회에서 개인으로서는 도저히 누릴 수 없었던, 자신들이 정치적으로 중요하다는 느낌과 사회정치적 협상력, 새로운 사회적 지위를 부여하는 데서 더 중요한 역할을 했다. 물론 이러한 발전들의 "민주적" 측면을 과대평가해서는 안 된다. 도시의 풍경에서 사회적 차별은 급속하게 나타났다. 상인과 전문 직업인은 곧 우월한 위치를 차지했고 수공업자들은 봉건영주들이 농노들에게 무자비한 것 못지않게 상인들도 자신들에게 무자비하다는 사실을 종종 깨닫게 되었다. 수공업자들 가운데서도 사회적 차별이 생겨났고 흔히 갈등을 동반했다. 농촌 사회에 근거지를 둔 지주든 새로운 도시 사회에 근거지를 둔 지주든 간에, 대부분의 지역에서 지주는 도시에서 많은 권력을 보유했고 권력을 휘두를 때 자제력으로 이름을 떨치는 경우는 드물었다. 그럼에도 불구하고 얼마간 기본적인 원칙이 수립되었고, 단테 같은 학자가 길드에 가입해야 했다는 이야기를 읽게 되면 얼마나 심대한 차이가 새로운 도시 환경과 옛 봉건 사회를 갈라놓았는지를 이해할 수 있다.

    영향력 있는 다수의 상인, 전문 직업인, 수공업자로 구성된 비교적 큰 도시 인구의 등장은 서양 역사에 특징적인 인상을 부여했다. 아무런 반발 없이 누리고 있던 봉건 사회의 가치 체계는 새로운 도시 환경에서 번영하지 못했다. 실리주의와 실용성이 느리지만 점진적으로 유럽 문명에 스며들기 시작했다. 밋밋하고 추상적이며 독단적인 비잔티움 미술에 대한 조토 디 본도네*의 사실주의적 대응과 수도원 전통의 조류에 성 프란체스코**가 가져온 낙관적이고 실용적인 정신은 새로운 사회적 기후에서 탄생했다. 변화의 중요한 측

---

* **조토 디 본도네** Giotto di Bondone   이탈리아 르네상스 미술의 선구자로 평가받는 화가(1267~1337년).

** **아시시의 성 프란체스코** San Francesco d'Assisi   가톨릭교회의 개혁 운동을 이끈 이탈리아의 수도사(1182~1226년).

면은 기술 진보였다. 중세의 기술 진보는 최근의 열광적인 저술들이 무비판적 독자들을 착각하게 할 만큼 급속하거나 뛰어나지는 않았지만[4] 실제로 진보가 일어났으며 그 수준은 상당했다. 11세기부터 15세기 말까지 유럽 기술은 거의 모든 분야에서 진보했다. 농업을 비롯해 건축, 항해, 조선, 직물, 야금술, 목공, 회계, 금융, 운송, 에너지 생산과 전술 분야가 발달했다. 기술사에 관한 어느 책을 본 독자는 이러한 진보의 세부 내용을 쉽게 접할 수 있다. 여기서 나는 중세 유럽에서 적지 않은 수의 무명 수공업자들이 그들답게 다소 조잡하지만 결연한 방식으로, 온갖 종류의 바퀴와 장치, 다양한 형태의 나사를 가지고 실험했다는 사실을 강조하고 싶다. 고대에도 이런 종류의 기구에 대한 취미가 있는 아르키메데스나 헤론 같은 사람들이 존재했다. 하지만 그들은 특이하고 예외적인 경우였으며 그들의 노력은 호기심 어린 실험 단계나 제한적인 응용 이상을 넘어서지 못했다. 기계들은 고대 생산 체계에서 본질적이고 중요한 요소가 되지 못했다.[5] 비잔티움과 이슬람 중동은 예술적 기교가 뛰어난 기술 전통을 유지하면서 고대인들의 예를 따랐고 두 지역 모두 기계 장치를 다루는 수공업자가 있었다. 그러나 그러한 수공업자의 수는 언제나 극소수였다. 더구나 당시의 수요 구조와 지배적인 문화적 가치는 대개 수공업자의 솜씨를 회전목마나 압축 공기 분수, 자동 피리 등과 같은 화려한 오락거리, 즉 비잔티움과 무슬림 통치자들의 극적 장관에 대한 열광을 충족시키는 일로 국한시켰다.[6] 반대로 중세 유럽에서는 갈수록 수가 늘어나던 수공업자들이 기술을 적용하는 과정에서 기본적인 응용역학에 관심을 갖고 이를 추구하기 시작했다. 이들은 응용역학을 단순한 호기심에서가 아니라 실용적 용도로 쓰기 위해서 연구했다. 기계는 생산과정에서 갈수록 중요한 역할을 하게 되었다.

방앗간^{mill}은 여기에 딱 들어맞는 적절한 사례이다. 물레방아는 기원전 1세기에 소아시아에 알려졌고 수직 형태의 풍차는 서기 7세기 페르시아에 알려져 있었지만, 방앗간 건설이 진정으로 크게 유행한 곳은 중세 유럽이었다. 무명의 수공업자들은 일련의 기발한 기계장치를 고안해 물이나 바람에서 나온 회전력을 망치, 압축기, 드릴, 맷돌 등 잘 분화된 여러 운동 장치로 전환했다. 유럽은 곧 놀랄 만큼 많은 방앗간으로 뒤덮이게 되었다. 작은 방앗간, 큰 방앗간, 정교한 방앗간, 풍차방앗간, 물가와 수상^{水上}의 물레방앗간, 곡물을 빻고 올리브를 압착하고 옷감을 다듬이질하고 종이를 만들고 금속을 제련하고 맥주를 양조하는 방앗간들이 생겨났다. 밀러^{Miller}라는 성이 흔한 것과 옛이야기에서 방앗간 주인이 자주 등장하는 것은 중세 유럽 사회에서 방앗간이 차지한 위치에 대한 풍성한 증거이다. 문헌이나 고고학적 유물은 경제의 가장 중요한 부문들에서 방앗간이 수행한 역할을 증명하고도 남는다. 시계와 자동장치는 또 다른 좋은 예를 제시하는데 이 주제는 이 책의 첫 장에서 광범위하게 논의될 것이다.

공중 보건과 위생 수준이 상대적으로 낮은 무수한 인구 밀집 도심지들은 유럽 인구가 유행병에 매우 취약하게 만들었다. 14세기 중반 세계적인 규모의 역병이 창궐해 유럽을 휩쓸었고 유럽 인구의 삼분의 일이 사망했다고 알려져 있다. 다음 세기 동안 역병과 다양한 종류의 유행병은 유럽사에서 주기적으로 되풀이되는 비극적 주제였다. 그 결과 인구 성장이 억제되었다. 정확한 통계 정보가 부족하지만 15세기 말 유럽 인구는 14세기 초보다 많지 않았다고 해도 무방할 것 같다.

경제 활동이 활발해지는 가운데 상당한 인구 증가가 동반되지 않는 상황의 한 가지 결과는 분명 실질임금의 적지 않은 상승이었을 것이다. 수공업자의 경제적 지위도 향상되었고 그들은 시정에 더 적극적으로 참여할 수 있는 권리를 요구하며 강력하게 심지어 폭력적으로 시 당국을 압박했다.[7] 다른 한편으로 노동력이 점점 비싸지고 있었기 때문에 노동 절약적 장치에 대한 압력이 살수록 커졌고 유럽인들은 더욱더 기계 지향적으로 되어갔다.[8]

실용성과 실리주의의 확산

여러 세기에 걸쳐 일어났고 한 대륙 전체를 바꾸었던 변화들을 단 몇 쪽으로 묘사하려고 할 때면, 필연적으로 과도한 단순화의 제물이

될 수밖에 없고 당연히 심각한 비판의 대상이 된다. 앞에서 나는 근대 유럽 문명의 형태를 갖추는 데 매우 중요하다고 생각한 기본적 경향들을 포착하려고 했다. 그러나 나중에 다시 다루게 될 지역적 차이의 문제를 제쳐놓는다 하더라도, 앞의 내용이 우리가 검토하는 변화의 복잡성을 온전히 다루지 못한다는 것은 너무도 분명하다. "상인merchants", "수공업자craftsmen" 같은 표현은 인간과 사회의 여러 특징이 갖는 다면적인 현실을 대표하기에 턱없이 부족하다. 또한 변화는 끔찍할 정도로 느렸으며 초창기에는 특히 그랬다는 것을 언급해야 한다. 변화는 충분한 시간이 지난 후에야 가속도가 붙기 시작했다. 이 점진적인 가속화는 사회과정에서 흔히 그렇듯이, 변화란 누적적인 방식에 따라 일어난다는 사실의 결과였다. 예를 들어, 서유럽에 능숙한 숙련공과 우수한 기술이 있었다는 사실은 14세기 말 이후 화기의 급속한 유포뿐만 아니라 조선술의 향상과 원양항해의 확대를 설명해준다. 대포와 포탄, 닻에 대한 수요의 급증은 다시 숙련공의 확산과 기술 진보에 새로운 추진력을 부여하면서 금속공업과 광업의 발달을 자극했다. 다른 한편으로 광업의 발전은 광산에서 물을 퍼내고 광물을 끌어올릴 때 인간의 근력을 보조하거나 대체하는 메커니즘을 모색하도록 자극했다. 마찬가지로, 기술 진보와 기술적 문제들에 대한 관심은 기계에 관한 문제들을 다룬 풍성한 문헌을 낳았다. 그 자체가 기술 진보의 산물인 인쇄술의 발명은 기술에 관한 문헌의 유포를 촉진하고 기술 진보의 속도를 높였다.

경제 발전이 점진적으로 사회 집단을 풍성하고 다양하게 만들었다는 사실도 언급해야 한다. 숙련공들 가운데 우월한 수공업자 집단이 부상해 자신들을 미장이, 마감 석공stone dresser, 석공mason, 대장장이와 구분했다.(필리포 브루넬레스키*나 프란체스코 디 조르조 마르티니**, 레오나르도 다빈치를 생각하라.) 그들은 사회 고위층과 연줄을 형성했고 적극적으로 자신들의 이해관계와 견해를 널리 알렸다. 기계에 대한 관심이 점차 커졌고 그러한 관심에는 중세 도시 환경에서 우세했던 실용성과 실리주의의 정서가 언제나 특징적이었다. "기계적 재간이 없다면 인간의 힘은 조금밖에 쓸모가 없다. 건물을 지을 때는 무거운 것을 옮기는 일이 필요하다. 마찬가지로 많은 양의 물을 끌어오고 먼 거리를 날라야 한다. 방앗간을 짓는 것 역시 유용하고 필요한 일이다. 물이 부족한 곳에서는 장치를 이용해야만 한다. 물이 전혀 없는 곳에서는 바람이나 다른 수단으로 돌아가는 방앗간을 지어야 한다." 이 이야기는 전문 기술자가 쓴 것이 아니다. 15세기에는 전문 기술자가 없었는데 그때는 아직 전문화가 사람들에게 꼬리표를 붙여 정해진 틀에 가두고 두뇌 활동을 구속하지도 않았기 때문이다. 물론 그러한 경향이 점차 생겨나고 있기는 했다. 내가 인

---

* 필리포 브루넬레스키Filippo Brunelleschi 르네상스 건축양식의 창시자로 평가받는 이탈리아의 건축가(1377~1446년). 건축가가 되기 전에는 조각에 전념했다.
** 프란체스코 디 조르조 마르티니Francesco di Giorgio Martini 이탈리아의 화가, 조각가, 건축가, 무기 기술자(1439~1502년).

용한 말은 장인으로 교육받고 화가로 성공했으며 건축에서 전문가였고 당대의 분위기에 발맞춰 공학에 관한 논고를 쓰게 된 디 조르조 마르티니가 쓴 것이다.[9] 르네상스 시대 사람들에게는 영구 운동 기관과 기계 펌프, 국자형 수력 기계 water scoop, 전쟁 기계, 방앗간, 자동 장치에 대해 머리를 싸매는 것이 "자연스러웠다." 마치 플라톤 시대 그리스인들이 그런 문제로 머리를 싸맬 일이 없는 게 "자연스러운 것처럼" 말이다. 여기에 대해서는 톰마소 폰타나가 쓴 기술적 논고들(1420년), I. 마리아노가 쓴 논고 「기계에 관하여 De Machinis」 (1438~1441년), 레오네 바티스타 알베르티와 안토니오 필라레테, 안토니오 팔라디오가 쓴 건축에 관한 저술들, 리미니의 볼투리오가 쓴 군사 기계에 관한 저작(1472년), 알브레히트 뒤러의 「도시 방어술 논고 Unterrichtung zur Befestigung der Städte」(1527년), 후안 루이스 비베스의 「지식 전달에 관하여 De Tradendis Disciplinis」(1521년), 바누초 비린구초의 야금술에 관한 논문(1540년), 게오르크 아그리콜라의 채광에 관한 논고 (1556년), 마리아 귀도발도 델 몬테의 응용 공학에 관한 논고(1577년), 자크 베송의 「기구의 장 Theatrum Instrumentorum」(1578년), 아고스티노 라멜리의 「기발한 여러 기계들 Diverse e Artificiose Macchine」(1588년), 잠바티스타 델라 포르타의 「기학의 책 Pneumaticorum Libri」(1601년)을 상기하는 것이 좋을 것이다. 레오나르도 다빈치가 존재하지 않았더라도 유럽 기술의 역사는 조금도 달라지지 않았겠지만, 그의 드로잉과 스케치는 유럽을 휘어잡은 바퀴와 톱니바퀴 등에 대한 열광적인 관심을 훌

륭하게 예시한다.¹⁰

서기 807년 위대한 하룬 알라시드*가 샤를마뉴에게 사절단을 보냈을 때, 서양의 황제에게 보낸 선물 가운데는 "놀라운 기계 제작 솜씨로 만들어져(arte mechanica mirifice compositum) 물로 돌아가며, 작은 청동 종이 열두 시간을 알려주는 시계"가 있었다. "정오가 되면 열두 개의 창문이 열리면서 기수들이 나왔다." 고맙게도 우리에게 이 같은 정보를 제공해준 아인하르트(혹은 에쟁아르)는 서기 807년에 쓴 『프랑크 왕국 연대기Annales』에서 "이 시계에는 다른 여러 가지 것들이 있다."라고 덧붙였고 그의 글은 아라비아산 시계가 프랑크 궁정에 자아낸 놀라움과 감탄을 드러낸다. 서양 어느 곳에서도 그러한 경이로운 기계를 만들어내거나 구경하는 것은 불가능했다. 서기 949년 이탈리아 크레모나의 리우드프란드는 콘스탄티노플을 방문해, '상쾌한 산들바람'이라는 이름이 붙은 웅장하고 아름다운 궁전에서 비잔티움 황제를 알현했다.

황제의 옥좌 앞에는 금도금을 한 청동 나무가 서 있었는데 나뭇가지마다 역시 금도금을 한 청동 새들이 가득했으며 새들은 종류에

---

* 아바스 왕조의 전성기를 대표하는 칼리프로 재위 기간(786~809년) 동안 이슬람 문화가 만개했다.

따라 각기 다른 울음소리를 냈다. 어마어마하게 큰 옥좌는 (…) 금도금을 한 사자들이 지키고 있었는데 청동이나 나무로 만들어진 이 사자들은 꼬리로 땅을 치고 커다란 입을 벌리고 혓바닥을 떨면서 무시무시하게 포효했다. 나는 두 환관의 어깨에 기댄 자세로 황제 앞으로 나아갔다. 내가 다가가자 사자들은 으르렁거리고 새들은 시끄럽게 울기 시작했다. (…) 내가 황제에게 세 차례 조아린 후 고개를 들자 세상에 이게 웬일인가? 방금 전까지 눈앞에서 적당히 높은 위치의 옥좌에 앉아 있던 황제가 어느샌가 의대를 갈아입고 이제 천장 높이에 앉아 있는 게 아닌가? 어떻게 그런 일이 가능했는지 나로서는 도저히 알 수가 없는데 혹시 포도주 압착기의 목재를 들어 올리는 데 쓰는 것과 같은 모종의 기계 장치가 황제를 들어 올린 게 아닌가 싶다.(『안타포도시스Antapodosis』, 4권, 5)[11]

다시금 동방의 공학 기술과 재주는 학식 있는 서양의 성직자에게 찬탄과 경이감을 불러일으켰다.[12]

13세기 초까지만 하더라도 서양 문헌 중에는 1205년 무렵에 편찬된 알자자리의 기술 백과사전*에 견줄 만한 것이 없었다. 이 책은 뛰어난 장인인 저자가 티그리스 강변의 디야르바키르에 위치한 우

---

* 이슬람 학자 알자자리(1136~1206년)가 쓴 『독창적 기계장치에 대한 지식의 서(Kitáb fi ma'rifat al-hiyal al-handasiyya)』를 말한다.

르투키드 술탄의 궁정에서 25년을 보낸 뒤 펴낸 것이다.[13] 13세기에 비잔티움 사람들은 수 세기 동안 머릿속에 박힌 고정관념, 즉 "라틴인"(서쪽 사람들*)은 일종의 "야만인"에 불과하고 "새로운 로마"(콘스탄티노플)는 옛 로마보다 훨씬 우월하므로 둘을 비교한다는 것은 말도 안 된다는 관념을 바꿀 만한 이유를 찾을 수 없었다. 멀리 중국을 다녀온 마르코 폴로는 선진적인 사람들 틈에서 자신이 "야만인"처럼 느껴졌다. 그러나 양상은 급속히 바뀌고 있었다. 빌라르 드 온느쿠르의 『건축도집 Livre de Portraiture』은 서양에서 부상하고 있던 것이 무엇인지를 의미심장하게 시사하며, 그로부터 두 세기가 지난 후 아시아에 대한 서유럽의 기술적 우위는 기정사실이 된다. 14세기 말 데메트리우스 키도네스 같은 일부 비잔티움 사람들은 서방 문화를 자세히 관찰한 다음 서방이 동방에 뭔가 내놓을 것이 있다는 꽤나 자극적인 발견을 했다.[14] 수십 년 뒤 그리스 출생 베사리온 추기경은 비잔티움의 자치 속주 모레아**의 군주인 콘스탄티누스 팔라이올로구스에게 이야기하는 자리에서 서방의 우수성에 대해 직설적으로 언급했다. 베사리온이 쓴 회상록을 보면 그는 콘스탄티누스에게 젊은이들을 이탈리아로 보내라고 촉구했다.[15] 이 젊은이들은 "기

---

* 여기서 서쪽이란 비잔티움 제국의 서쪽, 즉 이탈리아부터 영국까지 현재의 서유럽을 의미한다.

** 오늘날의 펠로폰네소스 반도.

초적인 기술"을 배워야 하며 그리스에 서방의 선진 기술을 도입해야 하는데 특히 기계공학과 조선, 무기 제작, 제철업 분야가 절실했다. "기계공학"은—베사리온 추기경은 이렇게 썼다—

> 무거운 짐을 끌고 건물 잔해를 철거하고 분쇄가 필요한 작업을 돕습니다. 널판은 자동으로 잘려나갑니다. 제분기는 가능한 한 가장 빠르고 정확하게 돌아갑니다. 야금업에서 풀무는 사람의 손길이 닿지 않고서 저절로 부풀어 올랐다가 오그라들면서 용제 속에서 더 질이 낮은 금속으로부터 귀금속을 분리해냅니다.
>
> 인류에게 매우 유용하고 필수적인 쇠를 만드는 기술이 없으면 전시든 평시든 어떤 일도 원활하게 이뤄질 수 없으며 이 기술 역시 이곳 로마에서 쉽게 배울 수 있을 것 같습니다. 펠로폰네소스와 특히 스파르타 인근 지역에 원광이 풍부하다는 말을 들었습니다. 그러나 생활에 필요한 모든 것을 갖췄음에도 불구하고 스파르타에는 제철소가 없기 때문에 다른 곳에서 쇠를 수입해야만 합니다. 공격과 방어 양쪽에서, 무기 제작과 전쟁 준비가 없다면 어떤 전쟁도 성공적으로 수행될 수 없으며 만약 그곳에 철광석이 있고 거기다가 제철 기술을 습득한다면 모레아와 나머지 그리스 지역은 자력으로 전쟁에 대비할 수 있습니다.
>
> 물론 조선술도 중시해야 하는데 조선술의 혜택은 전함과 삼단 노선^{trireme}의 건조만이 아니라 상선의 건조에서도 유용합니다. 배를

건조하는 데 필요한 목재는 펠로폰네소스에 풍부하며 품질이 매우 뛰어납니다.

이 네 가지 기술 (…) 기계 제작과 제철, 무기 제작과 조선은 잘살기를 바라는 사람들에게 필수적이고 유용한 만큼, 전하께서는 네 명이나 여덟 명의 젊은이들을 이곳[이탈리아]에 소개하는 방편을 통해 적절하고 은밀한 방식으로 그리스와 우리 주민들에게 이러한 기술을 수입할 수 있을 것입니다.

아닌 게 아니라 다른 네 가지 기술도 언급할 만한데 유리 제작법, 견방직과 모방직 기술, 비단과 모직물 염색법이 그것입니다. 그러나 이러한 기술은 사는 데 전적으로 필수적인 것이 아니라 사치와 오락을 위해 고안된 기술이므로 절대적으로 긴요한 기술의 습득보다는 중요성이 떨어진다고 봅니다.

숙련공의 이주가 경제의 흥망을 좌우하다

베사리온 추기경의 이 편지가 한참 쓰이고 있을 때 이탈리아―그보다는 더 정확히 말해서 북부와 중부 이탈리아―는 분명 기술과 숙련도에서 유럽을 주도하는 나라 가운데 하나였다. 베사리온 추기경 같은 인문주의자가 인문주의의 요람인 이탈리아를 자국 젊은이들의 교육과 계발을 위한 훈련장으로 선택한 것은 조금도 이상할 것이 없으며 전적으로 수긍할 만한 일이다. 그러나 당시 이탈리아가 유럽에서 상대적으로 풍부한 수공업자와 선진 기술을 자랑한 유일한 지역은 아니었다. 저지대 지방*, 특히 저지대 지방 남부는 이러한 관점에서 볼 때 이탈리아 못지않게 발전해 있었다. 프랑스에도 숙련 기술자가 많았다. 프랑스의 발전은 백년전쟁(1337~1453년)이 야기한 파괴와 무질서로 지체되었지만 전화에서 금방 회복하여 15세기 후반에 뛰어난 발전을 보였다. 그와 거의 같은 시기에 저지대 지방과 이탈리아로부터 자극과 영향을 받아 서부와 남부 독일도 괄목할 만한 성장을 보였다. 15세기 말에 이르자 독일인들은 야금술과 광업에 정통하게 되었다.[16]

방금 언급한 지역들은 중세 후기와 르네상스 초기 기술의 요람이었다. 변두리에서는 다른 나라들이 다소 수동적인 방식으로 유럽의 전반적인 발전에 참여했지만 저지대 지방, 독일 서부와 남부, 이탈리아 북부와 중부 지방의 높은 수준과 비교할 때 다른 나라들은 발전이 미흡했다고 쉽게 규정할 수 있다. 에스파냐의 경우, 뛰어난 수공업자들의 중심지가 비스케이와 카탈루냐, 톨레도에 얼간간 존재했지만 카탈루냐는 14세기 중반 이후로 사양길에 접어들게 된다. 대체로 우리는 "그 지방의 특성 때문이라기보다는 에스파냐 사람들

---

* 저지대 지방^{Low Countries} 라인 강, 뫼즈 강, 스헬데 강 하구에 위치한 북해 연안 지역. 오늘날 프랑스 북부 일부와 벨기에, 네덜란드를 포괄한다.

이 본래 기술과 기예에 관심이 없어서" 에스파냐에서 빈곤이 만연하게 되었다는 16세기 초 프란체스코 귀차르디니의 평가에 동의할 수 있다.¹⁷ 스칸디나비아 나라들의 상황도 나을 것이 없었다. 영국*은 상황이 좀 더 나았다. 영국은 상당한 수준의 직물 산업을 발전시켰고 유럽 주변부에서는 가장 선진국이었다. 그러나 프랑스와 독일, 이탈리아, 저지대 지방에 비해서는 한참 뒤쳐져 있었다. 16세기 전반기에 영국은 여전히 여러 분야, 특히 광업과 야금업에서 대륙으로부터 수입한 수공업자와 기술에 크게 의존하고 있었다.¹⁸

선진국의 기본적인 자산은 인적 자본, 즉 상대적으로 다수의 활동적인 상인과 솜씨 좋은 수공업자였다. 이 자본은 성장과 발전의 결과임과 동시에 원인이었다. 중세와 르네상스 시기 내내 통치자들과 관리들은 식량과 정금正金의 수출입 현황에 전전긍긍했을 뿐 아니라 수공업자의 유출입과 유능한 숙련공의 현지 공급에 대해서도 크게 염려했다.

산업혁명 이전 시기에 숙련 노동자의 유동성은 아직까지 경제사가들이 제대로 연구한 적이 없는 주제이기에 우리는 이에 대해 아는 바가 별로 없다. 그러나 숙련 노동력이 이동하는 현상은 틀림없이 제법 대규모로 존재했으며 유럽의 기술사와 경제사에서 커다란 중요성을 띠었다. 나는 이미 숙련공이 흔히 고향 마을을 떠났다는

---

* 원서의 'England'는 모두 '영국'으로 옮겼다.

사실을 언급했다. 도시 수공업자 역시 유동적이었다. 장인이나 장인 집단은 정치적 혼란이나 전염병, 경제적 위기를 피해 다른 도시나 다른 나라로 떠나곤 했다. 한 중세 문헌은 농민들을 두고 "철새처럼 떠돈다(Vagabundi sunt ut aves)."고 말했는데 수공업자들에 대해서도 똑같이 말할 수 있다.

종교적 광신과 유럽에서 일어난 일련의 주요 전쟁들은 16세기에 걸쳐 노동력의 유동성을 크게 증대시켰다. 이탈리아는 이전 여러 세기에 걸쳐 수많은 외국 수공업자를 유인했으나[19] 16세기 들어 정치적, 종교적 격변으로 피해를 입은 첫 번째 나라가 되었다. 수차례 벌어진 에스파냐와 프랑스 사이의 전쟁(1494~1559년)에는 비참한 기아와 전염병, 불황이 꼬리를 물었고 많은 숙련공들이 이탈리아 밖으로 내몰렸다. 이러한 대탈출은 16세기 후반에 다소 잦아들었지만 이탈리아 경제가 붕괴된 17세기의 결정적 몇십 년 동안 다시 활발해졌다.[20] 프랑스는 16세기 전반기에 이탈리아 수공업자의 대규모 유입으로 이득을 봤지만 1560년* 이후로 종교, 정치 집단의 반목으로 나라가 갈가리 찢겼고 많은 숙련 직공을 잃었다. 저지대 지방 남부에서는 에스파냐의 정복과 점령, 가톨릭 광신주의, 네덜란드의 해

---

* 프랑스 신교도들이 앙부아즈 성으로 진격해 왕을 납치하려 했으나 실패한 사건을 말한다. 이 사건 이후 프랑스 신교도들은 위그노라는 이름으로 불렸다.

상 봉쇄가 처참한 결과를 가져왔다. 16세기 전반기에 경제 전체가 붕괴하고 유능한 수공업자들이 점점 더 많이 나라를 떠난 것이다.[21] 독일은 15세기부터 17세기 말까지 유럽 전역에 숙련 직공을 공급했다. 이러한 전 세계적인 움직임과 이동 방향에 대해 의미 있는 숫자를 제시하기는 불가능하다. 하지만 이탈리아와 저지대 지방 남부, 프랑스, 독일은 전반적으로 귀중한 인적 자본을 상실한 지역인 반면 네덜란드의 연합제주*와 영국, 스위스, 나중에 스웨덴은 그에 따라 이득을 본 국가라고 보면 된다.

　숙련 이주민들이 가져온 자극이 경제에 지속적인 효과를 낳으려면 수혜국은 새로운 사상과 기술에 문을 열어야 했다. 많은 이탈리아 기술자들이 15세기와 16세기에 걸쳐 오스만 제국으로 갔지만[22] 오스만 경제에는 아무런 변화도 일어나지 않았다. 반면 숙련공의 유출은 한 나라의 쇠퇴에 일조하면서 동시에 쇠퇴의 징후이기도 했다. 예를 들어 많은 수의 유능한 수공업자를 잃은 이탈리아는 역동적이고 고도로 수용적인 사회에서 16세기와 17세기에 걸쳐 정체되고 보수적인 사회로 바뀌었다. 17세기 초에 파인스 모리슨은 르네상스 후기의 이탈리아인들에 대해 다음과 같이 썼다. "자신들이 아는 것이 많다고 생각하며, 이탈리아에서는 훌륭하고 유익한 것이 많이 나

---

* 연합제주聯合諸州 16세기 후반부터 에스파냐에 대항해 독립 전쟁을 벌인 북부 네덜란드 신교도 주들의 연합.

고 불후의 예술 작품과 건축물이 많다고 생각한다. 이는 그들이 외국으로 아예 나가지 않거나 좀처럼 나가지 않기 때문이다. 그들은 전쟁에 따라나서거나 외국과 교역하기 위한 모종의 필요에 의해서만 바깥으로 나간다. 이 세상에서 찾을 수 있거나 알려진 것은 이탈리아에서 모두 구할 수 있다는 생각 때문에 그들은 자국의 지식과 자신들의 지혜를 자만한다. (…)"[23]

마침, 숙련 노동력을 수입하던 나라들은 새로운 형태의 기독교 신앙도 채택했는데 이 새로운 신앙에서 핵심적이라 할 수 있는 성서지상주의는 문자 해독을 장려함으로써 인적 자원의 질적 향상에 기여했다. 이것들과 다른 요인들이 결합하여 1550년부터 1650년 사이 유럽 경제력의 균형추가 이동하는 데 결정적인 역할을 했다. 베사리온 추기경이 고국의 젊은이들에게 이탈리아로 가서 서방의 최신 기술을 배우라고 촉구한 지 두 세기가 지난 후, 기술 발달과 경제 발전의 지도적 위치는 영국과 네덜란드 그리고 야금술에 한해서는 스웨덴이 차지하게 되었다.

과학혁명을 예비하다

그사이 중요한 발전이 문화적 차원에서 일어나고 있었다. 고급 학문의 공식적 소재지—대학—는 상인과 수공업자 계층의 신장이 가져온 문화적 변화에 큰 영향을 받지 않았다. 물론 법학은 상업의 발전에 영향을 받았고 신학은 상업화된 사회의 요구에 얼마간 보조를 맞춰야 했다. 하지만 대학은 기본적으로 세계관의 측면에서 머나먼 과거와 강하게 연결되어 있었다. 대다수의 중세 학자들은 기술 진보를 거의 인식하지 못하거나 도통 관심을 보이지 않았다.

그러나 중세 말부터 실험과학의 부상과 함께 시류는 바뀌고 있었다. 우리는 "경험 과학자의 행동은 사실상, 시행착오와 무계획적이고 우연한 기술의 진보를 적극적으로 모방하는 데서 나온다."는 루퍼트 홀 박사의 견해에 쉽게 동의할 수 있을 것이며 "학자들은 기존 관념을 비판하고 현상을 새로운 눈으로 탐구하는 수공업자들의 특별한 기술과 그들이 습득한 정보를 활용하는 데 갈수록 전향적으로 변해갔다. 반면, 수공업자들이 과학의 절차와 이론을 비판할 수 있었는지, 혹은 비판할 준비가 되어 있었는지는 명확하지 않다."는 홀 박사의 또 다른 진술에도 동의할 수 있을 것이다.[24] 그러나 그 시대의 사회적, 기술적 환경이 학자층의 지적 변화에서 아무런 역할도 하지 않았다고 주장하는 것 또한 타당하지 않을 것이다. 성숙한 과학자 대 단순한 수공업자란 식의 순진한 이분법으로 현상을 이해해서는 안 된다.[25] 역사는 더 미묘한 방식으로, 훨씬 더 복잡한 경로의 네트워크를 통해서 작동한다. 누구나 성숙한 과학자가 되기 전에 유년기와 청소년기를 통과해야 하며 이 시기 동안 그는 가족 안에서, 친구들 사이에서, 거리에서 보고 듣는 것들에 영향을 받는다. 홀 박사는 응용 기술의 극적인 업적들이 "학계의 과학자들의 눈길을 사로잡지"[26] 않았다고 주장한다. 하지만 화약, 나침반, 인쇄술로 이룩한 모든 것들이 장래 과학자가 될 젊은이들의 성장 환경에 영향을 미쳤다.[27] 무엇보다도 본질적으로 예술가였던 프란체스코 디 조르조 마르티니나 레오나르도 다빈치 같은 사람들이 당대의 중국인 동료 화가들이 그리던 꽃이나 물고기, 나비 대신에 방앗간이나 각종 장치, 기계를 즐겨 그렸다면 이에 대한 설명은 그들의 취향과 가치관이 형성되는 데 어린 시절부터 환경이 은밀하게 그러나 압도적으로 영향을 미쳤다는 점에서 찾아야 한다. 마찬가지로, 새로운 과학자들의 세계관에 팽배한 실리주의와 실용성을 고려해본다면[28] 상인과 전문 직업인, 수공업자가 오랫동안 가장 활기차고 역동적인 집단이었던 사회적 환경의 효과를 의식하지 않기는 힘들다.

과학혁명의 기원에 대해서는 여전히 모호한 측면이 많지만, 우리는 과학혁명의 본질과 주요 특징에 대해 많은 것을 알고 있다. 점점 더 많은 학자들이 자신들의 탐구를 형이상학적 문제 대신 물리적 세계에 국한하고 자연계에 존재하는 사물을 정확히 관찰하는 일에 주의를 집중함으로써 실험을 통해 답변을 이끌어낼 수 있는 범위 내에서 질문을 던졌다. 동시에 그들은 이전에는 오로지 예술과 기예에만 속하는 것처럼 보였던 자연환경의 정복을 과학의 목표로 수용했다. 과학자들은 측정과 수학, 실험을 결합하고 이를 적용함으로써 성공을 거두었다. 가장 놀라운 성취를 보여준 과학 분야 역시 정확히 그러한 분야, 즉 측정에 가장 적합한 분야였다.[29] 변화에 대한 저항은 미약하지도 않았고 극복하기 쉽지도 않았다. 새로운 과학에 대한 열혈 옹호자가 존재한 만큼 전통적 과학의 열렬한 지지자도 적지 않았다. 보수주의자들은 자연스럽게 기존 학문 연구 기관, 즉 대학을 중심으로 뭉쳤다. 새로운 과학의 옹호자들은 새로운 기관인 아카데미를 설립해 그곳을 중심으로 뭉쳤다.[30] 결국에는 혁신자들이 승리했다. 그들의 승리는 경험주의와 실리주의에 물든 새로운 철학의 승리였고 새로운 철학은 인간 지식의 모든 분야에 침투했다.[31] 수학은 분석의 주요 도구가 되었고 기계는 세계를 설명하는 원리로 자리 잡았다. 1664년에 H. 파워스는 "세계라는 이 거대한 기계의 작동은 실험 철학과 기계 철학으로만 설명할 수 있다."라고 썼다.[32] 아닌 게 아니라 "세계관의 기계화"가 시작되고 있었다.

실리주의적 풍조는 중세 도시 문명에서 탄생했고 르네상스 인문주의가 촉진했으며 베이컨 철학에 의해 범위가 좁혀지고 강화되었다. 그리고 이 풍조는 새로운 기계에 대한 커져가는 열광과[33] 그러한 장치들을 만들어내는 기술에 대한 열렬한 관심으로 나타났다. 다른 한편으로, 역학, 화학, 현미경 관찰, 정성定性 천문학은 이제 막 태동했고 새로운 탐구 분야로의 진입 장벽은 아직 존재하지 않았다. 가브리엘 하비는 1593년에 "뛰어난 숙련공이나 생각이 있는 근면한 전문 직업인이라면 비록 학교에서 배운 적이 없거나 책을 읽지 않았을지라도 누구나" 과학의 진보에 눈에 띄는 공헌을 할 수 있다고 적었다. 이것은 장밋빛 과장이었다. 한 세기가 지난 후 더 현실적인 사람이었던 존 에벌린은 로버트 보일에게 보내는 편지에서 "기계에 밝지만 생각이 엉뚱한 사람들과 대화를 나누다 보면 그중 많은 부분에 동의할 수 없다."라고 투덜거렸다.³⁴ 그럼에도 불구하고 시계공, 렌즈 제작자, 정밀 도구 제작자 같은 고도로 숙련된 수공업자와 과학자가 발상과 제안을 주고받은 사례는 많다. 유럽의 상황과 중국의 지배적인 상황을 대조한 조지프 니덤 교수는 근본적으로 옳았다. 그는 이렇게 적는다. "유럽에서는 중국과 달리 일정한 영향이 작동했다. (…) 실제적 지식과 수학 공식 간의 교차로 나아가는 (…) 그러한 현상의 일부는 신사와 기술자가 교류하는 것이 부끄러운 일이 아니게 된 유럽의 사회 변화와 틀림없이 관련이 있다."³⁵ 사실, 그것은 신사가 기술과 과학의 문제에 전념해도 위신을 잃지 않게 된 사회문화적 변화와도 적지 않은 관계가 있다. 유럽에는 학자와 수공업자 이외에도 학자나 수공업자를 직업으로 삼지 않은 아마추어 과학자 집단이 대규모로 존재했고 그 수도 계속 늘어나고 있었다. 17세기와 18세기 초기 과학의 진보에서 이 명인virtuosi들이 했던 역할은 아무리 강조해도 지나치지 않으며, 확실히 숙련공들이 수행한 역할보다 훨씬 컸다.

중국인은 유럽인들이 인쇄술을 발명하기 수 세기 전에 인쇄술을 발명했지만 그것을 십분 활용한 쪽은 유럽인이었다. 이것은 기술 혁신과 사회문화적 환경의 관계에 대한 좋은 사례이다. 사실 중요한 기술 혁신은 사회문화적 환경에 영향을 미치고 변화를 줄 수 있는 좋은 기회가 되지만 그러한 혁신의 최종적인 효과는 결국 사회문화적 환경의 성격과 특성에 달려 있다. 17세기 초가 되자 중국 인구 대다수는 여전히 문맹인 반면 유럽의 문자 해득률은 괄목할 만한 진전을 보였다. 문자 해득이 소수의 고위 사제에 국한되어 있었다면 그리고 인쇄업이 번창하는 산업으로 성장하지 않았다면, 학계의 번영과 과학혁명의 진전에 기여한 대규모의 아마추어 과학자 집단은 존재하지 못했을 것이다.

일반적인 수공업자들은 시행착오에서 얻은 몇 가지 조야한 법칙과 전통에 주로 의존했다. 만약 대부분의 기술 진보가 이들의 손에 달려 있었다면 진보의 속도는 그리 빠르지 못했을 것이다. 하지만 수공업자들이 가진 솜씨라는 자산이 사실상의 직업 과학자들이 발전시킨 과학적 원리의 체계적인 적용으로 강화되었을 때, 진보의 속도는 극적으로 가속화되었다. 그러한 변화가 얼마가 중요했는지는 17세기에 영국과 네덜란드, 프랑스에서 승인된 특허 기록만 살펴봐도 충분하다. 항해와 측정을 위한 새로운 기계와 도구들, 기압계, 온도계, 현미경, 망원경, 온갖 종류의 신기한 장치들이 발명되고 개발되었다. 오토 폰 게리케의 진공펌프—증기기관의 선조—도 이러한 배경에서 탄생했다. 이 모든 발전을 고려할 때 몇십 년 후에 산업혁명이 일어났다는 것은 전혀 놀랍지 않다—사실, 일어나지 않았다면 그게 더 놀라운 일이었을 것이다.

| 1장 |

유럽, 시계를 만들다

기계식 시계의 출현

아주 옛날부터 사람들은 시간을 재는 문제를 해결하고자 다양한 장치를 만들어왔다. 해시계는 최초의 해법이었고 기계식 시계가 출현하고 한참이 지난 16세기와 17세기까지도 줄곧 널리 사용되었다. 적은 비용과 정확성 덕분에 수 세기에 걸쳐 매우 다양한 유형의 해시계가 개발되었다.[1] 그러나 해가 항상 비치지는 않기 때문에 인간은 다른 기구들을 발명해야 했다. 물시계와 불시계[2]는 고대에 개발되었다. 더 근래에는 모래시계가 이용되었고[3] 원자력 시대인 오늘날에도 달걀을 삶는 시간을 재기 위해 여전히 활용된다.

이러한 여러 장치들 가운데 클렙시드라* 즉 물시계는 기본 원리를 바탕으로 엄청나게 다양한 변형들을 개발할 수 있는 최고의 기회를 제공했던 것 같다. 원시적 형태의 물시계는 작은 구멍을 통해 물이 천천히 흘러나가고 안에 남아 있는 물 높이로 시간을 알 수 있는 돌로 된 그릇이었다. 시간이 흐르면서 더 정교한 클렙시드라가 만들어졌는데 여기에는 자동 장치가 달려서 소리를 내어 시간을 알릴 수 있었다.[4] 일단 클렙시드라가 만들어지고 나자 일부 기술자들이 흐르는 물을 다른 동력원으로 대체하고 싶어 했으리라고 추측하는 데 대단한 상상력이 필요하지는 않을 것이다.[5] 같은 시기에 종과 그러한 종을 효과적으로 울릴 수 있는 가능한 모든 방식을 두고 머리를 싸매던 기술자들도 있었다.

 종은 중세 도시 생활에서 두드러진 역할을 했다. 종은 공동체의 삶을 지배했고 종소리는 "만물을 질서와 평온의 영역으로" 끌어올렸다. 모두가 종소리의 의미를 알았고 종소리는 언제나 메시지를 전달했다. 종소리는 시각을 알려주고, 불이 났거나 적이 다가오고 있음을 전하고 사람들을 군대나 평화로운 모임에 소집하며, 잠자리에 들 때, 일어날 때, 일터에 나갈 때, 기도할 때와 싸울 때를 알려주고 장을 열 때와 닫을 때를 알리고, 교황의 선출과 국왕의 즉위, 승전을 축하했다. 널리 퍼진 믿음에 따르면 종소리는 폭풍과 전염병을 막는 데도 도움이 되었다. 도시와 교회, 수도원이 아름다운 종이나 소리가 맑은 종을 갖는 것은 그곳의 자존심이 걸린 문제였고 시간이

---

* 클렙시드라clepsydra '물 도둑'이란 뜻의 그리스어로 물시계를 가리킨다. 61쪽 도판 참고.

지나면서 더 효율적으로 종을 치는 장치도 개발되었다. 톱니바퀴와 왕복 지렛대로 구성된 이러한 장치들이 기계식 시계로 가는 길을 닦았다고 생각해도 무리는 없다.[6] 마지막으로 중세에는 천문학자와 점성학자를 포함한 사람들이 있었다. 그들은 지구의나 천구의를 만들고 그것들이 별과 행성의 운행을 따라 움직이도록 하는 데 관심이 많았다. 역사가들은 대체로 이러한 장치들을 제작하면서 개발된 기술이 수공업자들로 하여금 기계식 시계를 제작하는 데에도 한 걸음 더 다가서게 했으리라고 생각한다.[7]

폭넓은 역사적 관점으로 본다면 기술 변화 과정에 내재한 연속성과 점진성이 강조되겠지만, 순전히 기술적 관점에서 엄격하게 보자면 물시계, 종을 울리는 메커니즘, 그 밖의 여러 장치들과 기계식 시계 사이에는 근본적인 차이가 있다는 점이 강조될 것이다. 기술사가와 과학사가들이 측시학의 역사에서 폴리옷*이 달린 굴대 탈진기**의 발명이 초래한 급격한 단절을 강조하는 데는 충분한 이유가 있다. 물시계에서 시간 계측은 빠져나가는 물의 속도에 의해 좌우되고 이 경우 단순히 물이 빠져나가는 구멍이 조절 장치의 역할을 한다. 기계식 시계에서 시간 계측은 진동자나 탈진기에 의해 좌우된다. 이 장치들은 원동력의 단(單)방향 움직임을 제어하면서 느리고 안정적이

---

* 폴리옷 foliot 굴대의 맨 위에 수직으로 고정되어 균형을 잡아주는 장치. 부록을 참고.
** 굴대 탈진기 verge escapement 톱니바퀴의 회전 속도를 고르게 하는 장치. 부록을 참고.

고 규칙적인 운동으로 전환해 그 운동의 의미가 시계의 표면에 드러나도록 한다. 폴리옷이 달린 굴대 탈진기는 매우 교묘한 장치이며 흔히들 말하는 대로 누가 발명했든지 간에 틀림없이 역학의 천재였을 것이다. 흥미가 있는 독자들은 부록에서 기술적 설명을 볼 수 있다. 여기서는 기계식 시계가 폴리옷이 달린 굴대 탈진기가 발명되면서 탄생했다고만 언급하겠다. 역사가들은 오랫동안 이것이 언제 발명되었는지를 두고 논쟁해왔는데 이제는 일반적으로 13세기 후반으로 추정한다.[8]

도시는 급성장하고 있었고 새로운 도시 문화가 전례 없이 활발하게 꽃피고 있었다. 시간이 지나면서 각종 제도와 전통, 기득권을 중심으로 나타나게 될 경직성에 아직은 발목이 잡히지 않았을 때였다. 13세기는 대학과 고딕 성당의 확산, 조토 디 본도네와 조반니 치마부에가 가져온 미적 혁명, 마르코 폴로의 중국 여행, 동방으로 가는 항로를 찾고자 아프리카 서해안을 항해하려는 유럽인 최초의 시도를 목격한 시기였다. 그 세기 후반에는 최초로 대포가 제작되었다.[9] 기계식 시계와 대포가 거의 비슷한 시기에 출현한 것이 전적으로 우연은 아니다. 두 가지 모두 수적으로 또 질적으로, 금속 직공의 괄목할 만한 성장의 소산이었으며 뒤에 가서 보겠지만 초창기 시계 제작자 다수가 또한 대포 제작자였다. 대포와 기계식 시계의 동시 출현은 유럽식 발전의 특징을 증언하는 것이면서 또한 앞으로 전개될 양상을 예고하는 것이었다.

최근에 기계식 시계가 중국에서 기원했다는 주장이 제기되었고 이 이론을 옹호하는 사람들은 11세기 말에 중국에서 만들어진 놀라운 기계 장치를 지적한다(62쪽 도판을 보라). 이 장치는 기본적으로 각종 구체를 움직이는 거대한 물레방아로 이루어져 있으며 거대한 장치 전체의 요란한 움직임을 조율하는 일종의 탈진기가 장착되어 있다. 그러나 이 중국 탈진기는 유럽의 굴대-폴리옷 장치와는 공통점이 전혀 없다. 따라서 그러한 주장은 "천조天朝의 시계"가 틀림없이 유럽에 도달했을 것이며 "어쩌면 (…) 동양에서는 일단의 왕복 지렛대를 이용해 톱니바퀴의 회전을 제어한다는 이야기를 듣고 골똘히 생각한 학자-장인이 (…) 직접 진동 장치를 만들었다."는 이야기이다.[10] 똑같이 상상력을 마음껏 발휘한 일부 아랍 학계는 단테의 『신곡』이 3세기 전에 아부 알알라 알마리가 쓴 천상에 대한 환상적 묘사*를 모방한 것이라고 주장한다.

　14세기에 걸쳐 기계식 시계는 서서히 유럽 전역에 확산되었고[11] 곧 소리로 정시를 알리는 장치가 장착되었다. 1309년에는 쇠로 만들어진 시계가 밀라노의 산테우스토르조 교회에 설치되었다.[12] 보베의 대성당에는 아마도 1324년 전에 종이 달린 시계가 있었을 것이다.[13] 1335년, 밀라노의 한 연대기에 따르면[14] 밀라노의 산고타르

---

* 이슬람 철학자 아부 알알라 알마리(973~1058년)가 쓴 『용서의 편지(Risālat al-ghufrān)』를 말한다.

도 교회에는 "매우 커다란 추가 하루 24시간에 따라 24차례 종을 치는 신기한 시계"가 있는데 "밤 한 시에는 한 번, 두 시에는 두 번 쳐서 (…) 시각을 구분하며, 지위 고하를 막론하고 모든 이에게 큰 도움이 된다(quod est summe necessarium pro omni statu hominum)." 클뤼니 수도원에는 1340년에 시계가 있었고 1359년이 되자 샤르트르 대성당에는 시계가 두 개 있었다.[15] 파도바에서는 1344년에 "밤낮으로 24시간을 자동적으로(sopnte sua) 알려주는" 시계가 공공 광장에 설치되었다. 정시를 알려주는 공공 시계는 제노바에서는 1353년에, 볼로냐에서 1356년에, 페라라에서 1362년에 처음 등장했다.[16] 1370년, 프랑스의 샤를 5세는 왕궁의 탑 중 하나에 정시를 알리는 시계를 설치했고[17] 이것이 매우 마음에 들어서 뱅센의 성과 생폴 별궁에도 비슷한 시계를 설치했다. 정시를 알리는 시계 소리가 파리 구석구석의 주민 모두에게 들리지 않을까 걱정한 국왕은 왕궁의 시계가 정시를 알릴 때 파리의 모든 성당이 "시계 소리에 맞춰(par pointz à maniere d'orologe)" 종을 울리도록 명령했다. 그러므로 모든 사람이 "해가 뜨지 않더라도(luise le soleil ou non)" 시각을 알 수 있었다.[18]

시계, 특히 커다란 공공 시계는 당시 매우 비싼 물건이었다. 시계를 설치하는 데 비용이 많이 들 뿐만 아니라[19] 시계를 유지하고 보수하는 일은 대개 지역 재정에 심각한 부담을 안겨주었다. 시계를 유지하고 보수하는 데는 특별히 임명된 "관리장governor"[20]의 정기적인 임금까지 포함되었다. 시계를 설치할지 말지의 문제는 종종 길고 열띤 논쟁 끝에 결정되었지만 대체로 사람들은 자신들이 사는 곳의 공공 시계를 무척 자랑스러워하고[21] 본질적으로 유용한 물건이라고 여겼던 것 같다. 밀라노의 한 연대기 작가는 산고타르도 교회의 시계가 "모든 사람에게 매우 쓸모가 있다."고 확신했다. 샤를 5세가 파리의 왕궁에 설치한 시계를 염두에 두고 장 프루아사르는 다음과 같이 썼다.

> 시계란 곰곰이 생각할수록
> 매우 아름답고 놀라운 기구로다
> 보기 좋고 유용하며
> 그 정묘함으로
> 해가 뜨지 않을 때조차도,
> 밤낮으로 우리에게 시간을 알려주니
> 우리는 시계에 더 큰 상을 주어야 하리[22]

1473년, 바르톨로메오 만프레디는 이탈리아 만토바의 공공 시계에 그려진 복잡한 천체 표시가 "사혈과 외과 수술을 할 때, 옷을 짓고, 땅을 갈고, 여행에 나서고, 그 밖에 이 세상에서 다른 여러 가지 유용한 일을 할 때를 가르쳐주는 데 쓸모가 있다."고 주장했다.[23] 1481년에 리옹의 시의회에 제출된 탄원서는 도시에 "도시 곳곳의

|
고대 로마의 해시계. 터키, 시데 고고학박물관 소장.

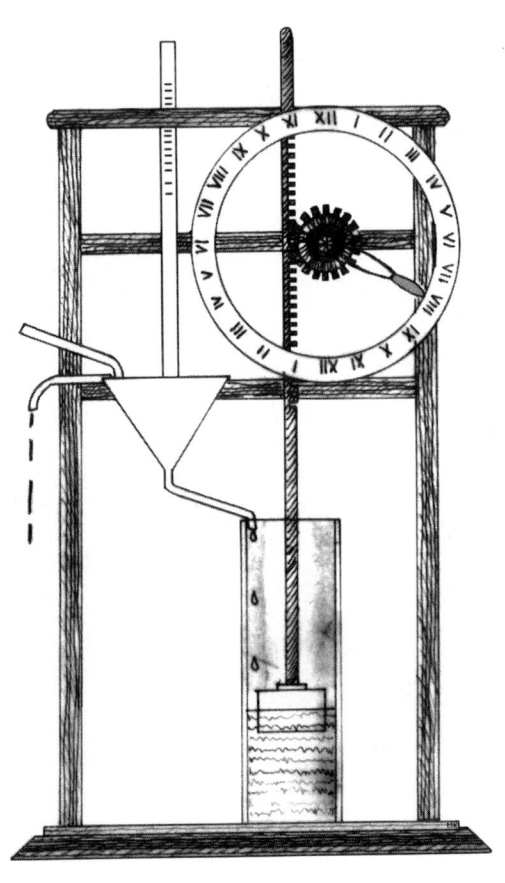

|
기원전 270년경 그리스의 발명가 크테시비우스Ctesibius가 만든 클렙시드라의 설계도이다. 기계식 시계가 등장하기 전까지 서구에서 가장 정확한 측시기로 평가받았다.

|
송나라의 과학자 소송蘇頌이 1090년에 건설한 물시계. 새 황제가 즉위하면서 폐기된 이후 완전히 잊혀져, 5세기 후 예수회 선교사들이 기계식 시계(자명종)를 가져왔을 때 명나라의 황제와 관리들은 크게 놀랐다고 한다. 그러나 이 시계들은 소송이 만든 물시계보다 오차가 훨씬 컸고 정교하지도 못했다. 1956년 존 크리스티안센John Christiansen 그림.

| "지혜의 시계Un orologio a cembalo"—15세기 중반 프랑스 필사본 세밀화. 그림에 대해서는 미셸Michel 이 쓴 「지혜의 시계 그리고 시계의 역사L'Horloge de Sapience et l'histoire de l'horlogerie」, 시모니Simoni가 쓴 「15세기 세밀화에 그려진 하프시코드 시계Un orologio a cembalo in una miniatura quattrocentesca」를 참 고하라. 브뤼셀, 벨기에 왕립도서관 소장.

모든 시민이 들을 수 있게 큰 소리로 종을 치는 커다란 시계가 절실하다는" 사실을 강조했다. "그러한 시계가 제작된다면 더 많은 상인들이 장터에 나올 것이고 시민들은 크게 위안을 받고 활기차고 행복할 것이며, 더 질서정연한 삶을 살 것이며, 도시의 미관도 더 좋아질 것이다."[24] 아무도 시계가 없거나 극소수만이 시계를 휴대하고 있던 시대에 시각을 알리는 공공 시계의 유용성은 의문의 여지가 없었다. 그러나 실용성만이 언제나 유일한 동기는 아니었다. 일부 도시들은 15세기 한 프랑스 문헌이 표현한 대로, "도시를 빛낼 크고 훌륭한 (relotgium magnum sufficiens et honorabile ad honorem villa)" 기계를 갖고 있다는 명성을 두고 다른 도시와 경쟁했다.[25] 1380년 무렵에 리옹의 시의회는 파리의 한 다리에 있는 것과 유사한 시계탑을 도시의 다리에 설치하기로 했다. "파리의 탑과 그 위에 있는 시계를 똑같이 만들기로 함(prout et quemadmodum edificate sunt Parisiis turris et horologium desuper existens)."[26] 1420년대에 프랑스 로망의 시의회는 "비용을 조금도 따지지 않고(sans regarder à la depense)" 매우 아름다운 시계를 제작하기로 결정했다. 1557년에 프랑스 몽텔리마의 주민들은 "로망의 것과 비슷한 모양의(a la forme d'icelluy de Romans)" 시계를 설치하기로 했다.[27]

따라서 도시의 자부심, 실용성, 기계에 대한 관심이 결합하여 비교적 높은 비용에도 불구하고 시계의 확산이 촉진되었다. 더 많은 시계가 제작되고 있었기 때문에 제작자들의 솜씨도 향상되었고

14세기 말이 되자 정시뿐만 아니라 15분 간격으로 치는 시계가 제작되기도 했다.[28] 하지만 이러한 사실을 두고 초창기 시계들의 정확성을 오해해서는 안 될 것이다. 흔히들 말하는 대로 초창기 시계는 "구상의 탁월함과 제작 기술의 미흡함이 기묘하게 결합된 결과물이었다." 14세기와 15세기 내내 대부분의 시계는 (혹시라도 작동 중이라면) 하루의 많은 시간 동안 늦게 가거나 빨리 간 한편, 정확성에 대한 당대의 요구 기준은 낮았다. 따라서 일반적으로 분침이 달린 시계는 불필요하다고 여겨졌다. 1389년에 루앙 시는 시계공의 아내에게 일주일에 두세 번 시계를 돌리는 임무를 맡기고 일정한 급료를 지급했다. 십중팔구 그녀는 시각을 바로잡기 위해 시곗바늘을 다시 맞춰야 했을 것이다.[29] 1387년에 아라곤의 후안은 페르피냥의 자신의 성에 있는 시계 종을 치기 위해 두 사람을 고용하기로 했는데 시계가 제시간에 맞춰 울리지 못했기 때문이다.[30] 파리 시민들은 왕궁의 시계를 다음과 같은 운율에 맞춰 불렀다. "왕궁의 시계는 자기 맘대로 울린다네(l'horloge du palais, elle vas comme il lui plaît)." 적어도 16세기가 될 때까지는 가장 좋은 시계라도 시간이 대충 맞을 뿐이었고 한 번씩 해시계에 맞춰 바늘을 다시 조정해야 했다. 1641년까지도 디종의 시의회는 공공 시계 가운데 서로 시각이 일치하는 것이 전혀 없음을 알고 낙담하여, 반드시 "태양의 운행을 따라서(suivant le cours du soleil)" 시계를 맞추라는 단호한 명령을 내렸다.[31]

    초창기 시계의 역사에서 가장 놀라운 사건은 중세 수공업자들이 정확성에서 눈에 띄는 개선을 이뤄내지 못한 반면, 신기하고 매우 복잡한 운동 장치가 달린 시계를 만들어내는 데는 성공했다는 사실이다. 탈진기를 제어하는 더 좋은 방법을 찾아내는 것보다는 톱니바퀴에 또 다른 톱니바퀴를 추가하는 것이 더 쉬웠다. 한편으로 복잡한 운동 장치는 대중에게 큰 인기가 있었고 대부분의 사람들은 천체의 회합會合에 대한 올바른 지식은 인간사의 성공에 필수불가결하다고 믿었다. 이런 측면에서 가장 놀라운 장치 가운데 하나는 1350년 무렵 스트라스부르 대성당에 만들어진 시계였다(71쪽 도판을 보라). 어마어마한 크기의 그 시계는 움직이는 달력과, 바늘로 태양과 달 그리고 행성들의 움직임을 가리키는 아스트롤라베*가 포함되어 있었다. 상부는 성모 마리아상으로 장식되었는데 정오가 되면 카리용**이 음악을 연주하는 가운데 동방박사 세 사람의 조각상이 그 앞에 경배했다. 맨 꼭대기에는 거대한 수탉이 서 있어서 동방박사의 행렬이 끝나면 부리를 열고 혀를 내밀어 꼬끼오 하고 울면서 날개를 퍼덕였다.[32] 15세기 중반 볼로냐에서 조반니 에반젤리스타 다 피아첸차와 바르톨로메오 디 뉴돌로라는 장인master이 나팔 부는 천사와, 여러 성인들과 성자들, 성모와 아기 예수에게 경배하는 동방박사의 행렬로 장식된 웅장한 시계를 자치도시의 청사에 세웠다. 그러나 이

---

* 아스트롤라베astrolabe 고대부터 중세까지 사용된 천문 관측기구. 70쪽 도판 참고.
** 카리용carillon 모양이나 크기가 다른 종을 음계 순서로 달아 놓고 치는 타악기.

시계에서 가장 놀라운 것은 천문학과 관련된 부분이었다. 저 위대한 인문주의자 베사리온 추기경의 감독 아래 제작된 천체 부분은 "중앙의 불덩어리 주위로 태양과 달, 지구, 다른 행성들과 천계가 조화롭게 공전하는" 모습을 보여주었다고 한다.[33] 이러한 배열은 피타고라스 학파가 주장한 우주론에 근거한 것이었고 15세기에 지배적이었던 프톨레마이오스 우주론과 공공연하게 충돌했다. 이탈리아의 오르비에토와 레조, 영국의 웰스, 스웨덴의 룬드, 독일의 뤼베크, 스위스의 베른에 있는 유명한 시계들은 스트라스부르의 시계처럼 인상적이거나 볼로냐의 시계처럼 이례적이지는 않았지만 그럼에도 불구하고 굉장한 작품들이었다.[34] 미적인 이유와 도시의 자부심을 위해서 이따금 기존의 시계에 복잡한 운동 장치가 추가되기도 했다. 이런 일이 1431년 이탈리아의 파르마에서 일어났는데 계급을 의식한 게 분명해 보이는 한 연대기 작가는 새로운 장치들이 "평민들(al popolo)"에게는 시간을, "이해할 능력이 있는 사람들(agli intelligent)"에게는 달의 위치를 가르쳐준다고 적었다.[35] 1510년에는 플랑드르 헨트의 종탑에 정교한 장치로 된 '종 치는 사람'이 설치되었다. 남자(아담)는 정시를 알렸고 여자(이브)는 30분을 알렸다. 또 뱀 한 마리가 두 사람에게 시간을 알리는 것과는 다른 종류의 더 일치된 동작에 탐닉하도록 유혹하기라도 하는 듯이 두 사람 주위를 돌아다녔다. 그러나 중세의 걸작은 1350년 무렵에 조반니 데 돈디가 아마도 부친 야코포의 도움을 받아 제작한 천문 시계였다(72쪽 도판을 보라).

그것은 부수적으로만 시계였다. 사실, 시계로서보다는 천문학 기구로서 더 주목할 만했다. 태양과 달, 다섯 개의 행성의 운행을 나타내었고 완전한 만세력* 장치를 제공했다. 시계를 구경한 뒤 감탄한 필리프 드 메지에르는 다음과 같이 묘사했다.

> 오늘날 이탈리아에는 철학과 의학, 천문학에 매우 정통하며 이 세 학문에서 현존하는 최고의 권위자로 공인된 사람이 있다. 그의 이름은 장 드 동**이며 그는 파도바 시에 산다. 천문 역법과 관련한 문제에서 그의 크나큰 지식 덕분에 그의 성은 일반적으로 잊히고 대신 시계의 장이라고 불린다. 그는 이제 비르투 백작[36] 아래 있으면서 이 세 학문 분야에 대한 지식으로 금화 2천 플로린의 연금을 받는다. 시계의 장은 이 세 학문에서 유명한 저작을 펴냈으며 이 책들은 이탈리아와 독일, 헝가리의 위대한 학자들 사이에서 크나큰 명성을 누리고 있다. 그 외에도 그는 기구를 만들었는데 천체의 운행에 관한 구 혹은 천체의 운행에 관한 시계라고 불리는 것이다. 이 기구는 궤도와 주전원을 비롯해 황도십이궁과 행성의 모든 운행과 편차를 보여주며, 각 행성의 운행은 개별적인 궤도로 표현되어서 밤이나 낮 어느 순간에든 어느 황도대에, 또 어느 각

---

* 미래의 특정 날짜의 요일을 가르쳐주는 달력.
** 원문은 John de Dons으로, 조반디 데 돈디의 프랑스식 이름이다.

도로 행성과 커다란 별들이 천구에 위치하는지를 알 수 있다. 구는 매우 정묘한 방식으로 만들어져 톱니바퀴가 굉장히 많음에도 불구하고 시계를 완전히 해체하지 않고서는 그 톱니바퀴 수를 셀 수 없을 정도로 하나로 맞물려 있다. 매우 경이로운 작품이라 위대한 천문학자들이 멀리서 찾아와 그의 작품을 구경하고 찬탄한다. (…) 자신의 정교한 마음속에서 구상한 이 구를 완성하기 위해 상기한 장인 장은 손수 황동과 구리를 녹여 어느 누구의 도움도 받지 않고 16년간 오로지 이 일에만 전념해 이것을 직접 주조했다.37

걸작은 마침내 파비아의 비스콘티 성의 도서관에 설치되었지만 시계의 조반니가 죽은 후 아무도 그것을 어떻게 다루어야 할지 몰랐다.38 장인 조반니가 만든 측시학의 걸작은 오늘날에도 여전히 경탄을 자아내고 있다. 시계는 세월이 흘러 파괴되었지만 우리는 조반니가 직접 작성해 후대에 남긴 정확한 설계도 덕분에 그 작동 방식을 알 수 있다.39 이 분야의 전문가 앨런 로이드는 "오늘날 시계 제작자가 유사한 시계를 고안해 제작한다면 현재 이용 가능한 모든 지식과 도구의 도움에도 불구하고 여전히 뛰어난 장인으로 간주될 것"이라고 생각한다.40 또 린 화이트 교수는 이렇게 덧붙인다. "움직이는 부품의 상호 연관에 대한 [조반니의] 이해는 천재적이다. [프톨레마이오스 체계에서 요구되는 대로] 달과 수성의 타원 궤도를 재현하기 위해 그는 타원형 장치를 제작했고 마찬가지로 금성 궤도에서 관측

1300년 무렵 프랑스에서 제작된 삼엽형 고딕식 아스트롤라베. 중심에 있는 것이 바늘과 연결된 톱니바퀴이며 이 오목한 원형의 톱니바퀴가 마지막에 가서는 180개의 톱니로 이루어진 테두리 안쪽과 맞물리도록 되어 있다. 달을 따라 움직이도록 연결된 두 번째 바늘은 없는 것 같다. 런던 과학박물관 소장.

|
1350년 무렵 스트라스부르 대성당에 만들어진 대형 시계. 왼편 꼭대기에서 본문에 언급된 수탉의 모습을 볼 수 있다.

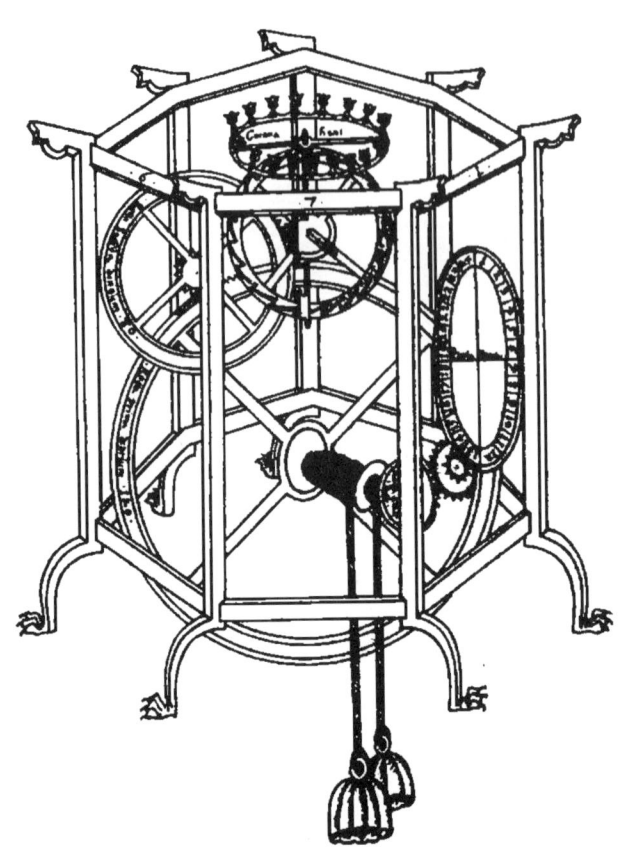

|
천문 시계의 작동 방식을 보여주는 조반니 데 돈디의 설계도. 1364년 파도바에서 만들어졌다. 옥스퍼드 보들리도서관 소장.

스미스소니언 협회가 복원한 조반니 데 돈디의 시계.

되는 변칙성을 표현하기 위해 새로운 장치를 준비했다. 복잡성과 정교함에서 조반니의 장치는 에게 해에서 발견된 헬레니즘 시기의 플라네타륨* 파편들을 비롯해 더 이른 시기의 기술에서 전해지는 어느 것도 크게 능가한다. 14세기는 이러한 기계 설계의 측면에서 신기원을 이뤘다."⁴¹

새로운 원동력, 태엽 시계의 등장

앞 장에서 언급된 시계 대다수는 공공 시계였다. 기계식 시계가 매우 비쌌기 때문에 초창기 시계의 확산은 당연히 공공 부문에서 활발할 수밖에 없었다. 공공 부문에서는 자발적으로든 강제적으로든 비용을 모아 필요한 재정을 마련할 수 있었기 때문이다.⁴² 그러나 가내용 시계도 아주 없지는 않았다. 엄청난 장식 예술품을 수집한 프랑스의 샤를 5세가 1380년에 죽었을 때 그의 수집품 3,985점의 품목을 작성한 관리들은 그 가운데 "쇠는 없이 오로지 은으로만 만들어진 시계"를 발견했다. 그것은 "원래 미남왕 필리프의 소유로, 속은 납으로 채워지고 겉은 은으로 덮인 추 두 개가 달려 있었다."⁴³ 이것

---

* 플라네타륨planetarium 달, 태양, 항성, 행성 등 천체가 운행하는 모습을 보여주는 장치. 천상의(天象儀)라고도 한다.

은 틀림없이 추로 돌아가는 가내용 시계이며 미남왕 필리프가 죽은 해인 1314년 이전에 제작되었을 것이 분명하다. 돈디가 제작한 "구"도 천문학적으로 복잡한 구성으로 아무리 이례적이라 할지라도 본질적으로는 가내용 시계였다. 다른 가내용이나 휴대용 시계들의 실례는 먼지 쌓인 문서보관소를 뒤지면 찾을 수 있겠지만[44] 15세기 중반까지는 그런 예가 극히 드물었다고 말해도 크게 틀린 말은 아닐 것이다. 우선, 시계는 매우 비쌌다. 그리고 사람들은 시계가 매우 정교하고 섬세하고 예측 불가능한 장치이기 때문에 "그것을 다스리고 맞추고 인도하고 유지하는" "관리장"이 지속적으로 보살펴야 하는 물건이라고 생각했다. 수집한 예술품 중 여러 점의 시계를 갖고 있었고 또 자신의 몇몇 궁전에 공공 시계를 설치한 카를 5세도 자신의 방에서는 시간을 재기 위해 특별히 눈금을 매긴 양초에 의존했다. 우리에게 정보를 남겨준 것에 고마워해야 할 크리스틴 드 피장은 가내용 시계는 "여전히 흔치 않았다(encore n'estoyent communs)."라고 말했다.[45]

그러나 공공 시계가 보급되면서 사람들은 시계에 익숙해졌고 그 결과 가내용 시계가 확산되는 길이 마련되었다. 크고 정교한 공공 시계에 대한 초기의 열풍이 가라앉은 후 더 작고 운반이 가능한 시계를 제작하는 데 더 많은 시간과 재능이 투자되기 시작했음을 감지할 수 있다. 시간이 흐르면서 시장의 힘은 시계가 바로 그러한 방면에서 더 넓은 활로를 찾을 수 있다는 것을 가리키고 있었다. 이는 느리지만 거역할 수 없는 추세였다.

　추가 유일한 원동력인 한 가내용 시계는 쉽게 옮길 수 없었다. 그것들은 받침대로 받쳐야 하거나 벽에 단단히 고정시켜야 했다. 쉽게 옮길 수 있는 시계를 만들기 위해서는 새로운 종류의 원동력을 고안해야 했다. 동시대의 누군가에 따르면, 위대한 이탈리아 건축가 필리포 브루넬레스키는 태엽 장치에 굉장히 관심이 많고 1410년이 되자 "여러 가지 다양한 종류의 태엽"으로 돌아가는 시계를 제작하고 있었다.[46] 이탈리아 전기 작가가 사용한 단어 "molle"는 의심의 여지없이 "태엽"을 뜻하지만 그의 묘사가 아주 전문적인 것이라고 보기는 힘들다. 이 대목만을 근거로 1410년이 되자 추로 작동하는 시계뿐만 아니라 태엽으로 작동하는 시계도 등장했다고 결론짓기는 망설여진다. 그러나 1440~1450년 무렵으로 추정되는 프랑스 소형 세밀화는 태엽으로 작동하는 휴대용 시계의 작동 방식을 아주 상세하게 그리고 있다.[47] 그 세밀화와 다른 초기 문헌들은 태엽이 풀리는 동안 일정한 회전력을 유지하도록 기능하는 독특한 장치인 원뿔형 도르래*를 자세히 보여준다. 따라서 우리가 구할 수 있는 증거로 보았을 때 시계에서 태엽을 사용하게 된 시기는 적어도 15세기 초반으로 거슬러 올라가는 것 같다.[48] 태엽 발명의 중요성은 아

---

* 원뿔형 도르래[fusée] 표면에 나선형으로 홈이 나 있고 원뿔 모양으로 생긴 도르래. 부록을 참고.

무리 강조해도 지나치지 않다. 태엽의 발명으로 쉽게 운반 가능한 시계를 제작할 수 있게 되었고, 나중에 가서는 손목시계와 회중시계 같은 휴대용 시계의 제작도 가능해졌기 때문이다.

15세기 후반 내내 추로 작동하는 가내용 시계는 여전히 매우 드물었고 태엽으로 작동하는 시계는 그보다 더 희귀했다. 1450년 무렵, 태엽으로 작동하는 시계를 갖고 있던 부르고뉴 궁정의 고위 인사는 자신의 초상화 배경에 시계를 그려 넣게 했다.[49] 1481년에 프랑스의 루이 11세는 "어디를 가든 항상 몸에 지니고 다니기 위해 구입한, 숫자판이 있고 정시를 알리며, 모든 부품이 완비된 시계에 대한 대가로 파리의 시계 제작자 장에게" 16리브르 10솔을 (투르 경화로) 지불했다.[50] 국왕이 이 시계를 매우 자랑스러워했다는 것은 그 역시 시계를 자신의 초상화에 그려 넣게 했다는 사실에서 분명히 드러난다.[51]

가내용 시계와 휴대용 시계가 진귀한 구경거리라는 인식에서 벗어나게 된 것은 16세기에 들어서였다.[52] 16세기와 17세기에 유럽의 상황과 다른 지역의 상황을 비교한다면 총인구 대비 상인과 수공업자의 비율에서 유럽이 다른 어느 지역보다도 높았다는 사실에 깊은 인상을 받게 된다. 그러나 그 못지않게 두드러지고 중요한 것이 있다. 소수의 부유층과 다수의 극빈층 사이에, 괜찮은 집과 좋은 의복, 얼마간의 편의 시설을 향유할 만한 경제적 여유가 있는 도시 거주자 집단—상인, 변호사, 공증인, 의사, 약제사 등—이 유럽에 비교적 대규모로 존재했다는 사실이다. 한쪽은 공급 차원에서 한쪽은 수요 차원에서 작동하는 이 두 가지 사실은 서로 단단히 맞물려 있었다. 각자는 오로지 상대방의 존재 덕분에 존재했다. 16세기와 17세기 유럽에는 시계를 만들 줄 아는 수공업자만이 아니라 그것을 구입할 수 있는 비교적 대규모의 사람들이 존재했다. 그러므로 시계의 생산은 점진적으로 확대되었다.

    이전에 추로 작동하는 공공 시계에 일어났던 현상이 다소간 유사한 방식으로 태엽으로 작동하는 휴대용 시계와 회중시계에도 일어났다. 이 시계들의 첫 출현 이후 수공업자들은 복잡한 달력과 천문학적 운행 같은 것을 보여주는 장치를 만들거나 신기한 모양을 고안하는 데 많은 시간과 노력을 쏟았다.[53] 정확성을 두고 볼 때 시계는 16세기와 17세기 전반기 내내 여전히 상대적으로 형편없는 측시기였다. 물론 얼마간의 진보도 있었다.[54] 16세기를 거치면서 분침이 더 자주 보이기 시작했고, 박물관에 가면 놀라울 정도의 정확성을 보여주는 그 시기의 뛰어난 시계 일부를 만날 수 있다.[55] 요스트 뷔르기와 요스트 보데커가 만든 시계가 그 실례이다. 그러나 몇몇 예외적인 실례를 일반화해 이러한 박물관 소장품들이 당대의 표준을 대표한다고 간주해서는 안 된다. 만족스러운 정확도를 갖춘 일상적인 시계를 대규모로 생산할 수 있으려면, 성능이 더 좋은 새로운 탈진기를 발명하고 응용역학의 몇 가지 난제들을 해결해야만 했다.

시계 장인들

14세기와 15세기에 시계에 대한 수요는 전문화된 수공업자 집단의 성장을 허용할 만큼 크지 않았다. 초창기의 시계공들은 대체로 대장장이나 자물쇠공, 대포 주조공이었다. 다시 말해 그들은 금속을 다루는 법을 아는 사람이자 이따금 기계식 시계를 제작하거나 주조할 줄 아는 사람이었다. 15세기 초에 릴의 자크 욜랑은 "시계공이자 포수"였고[56] 프리부르의 장인 피에르 퀴드리팽은 "사석포*와 시계 장인(magister bombardarum et horologiorum)"이었다.[57] 1455년 크림 반도의 카파에 있는 제노바 식민지에서 우발디누스 데 플로렌티아는 "도시의 사석포와 시계 장인(bombarderius et magister orologii Comuni)"이었다.[58] 1474년 밀라노의 산고타르도 교회의 시계 관리인으로 임명된 엔리코 신부는 사석포 분야에서 전문가로 통했다고 한다.[59] 15세기 말 이후 오툉 대성당 시계의 관리인이었던 노엘 퀴쟁은 시계와 오르간, 대포를 만들었으며[60] 아마도 독일 출신으로 추측되는 리스본의 장인 요한은 포수이자 시계 제작자였다.[61] 비슷한 실례는 다른 곳에서도 쉽게 찾아볼 수 있다.[62] 이처럼 다재다능하고 다채로운 수공업자 유형은 시계 제작이 중요한 경제 활동으로 발전

---

* 사석포射石砲 중세의 공성전에서 흔히 볼 수 있는, 커다란 돌덩어리를 날려 보내는 전장식(前裝式) 포.

하지 않은 곳에서 실제로 오랫동안 존속했다. 1550년대에 덴마크 플렌스보르에서 게르트 메르펠덴은 대포와 시계를 만들었고 17세기 전반기에 덴마크 라네르스의 한 수공업자는 시계와 마차 끌채를 만들었다.[63] 1580년대 스코틀랜드 던디에서 세인트메리 교회 "첨탑과 문손잡이를 수선하고 고마운 도움을 베풀어준" 패트릭 램지라는 사람은 대장장이이자 대포 제작자였다.[64] 17세기 스위스 바젤에서 "자물쇠공이자 시계공"은 흔한 전문 자격이었고[65] 1730년대까지도 베를린에서 시계를 수리하는 수공업자 대부분은 "자물쇠공"이었다.[66]

중세 유럽에서 금속 노동자가 드물고 기계에 소질이 있는 사람이 귀했던 지역에서는 흔히 외국 수공업자가 시계를 제작했다. 카탈루냐에서 시계공 대부분은 유대인이었다.[67] 14세기 영국에서 웰스와 솔즈베리 대성당의 시계는 외국 수공업자들이 만들었을 공산이 크다. 아마도 그 수공업자들은 본인이 외국인이기도 했던 에르굼 주교가 데려왔을 것이다.[68] 1368년 에드워드 3세는 "직업 활동을 위해 이 왕국에 오는 시계공" 네덜란드 델프트의 얀 퓌만, 빌렘 퓌만, 얀 리타위트에게 일 년 동안의 보호와 안전 통행권을 부여했다.[69] 외국인들을 구할 수 없을 때는 수도사들이 때때로 이 임무에 투신했다. 영국에서 월링포드의 리처드 신부는 14세기 초반에 측시 장치를 만든 것으로 여겨진다.[70] 1360년대에는 아비뇽에 있는 교황을 위해 베네치아 출신의 한 수도사가 시계를 만들었다.[71] 15세기 스웨덴에서는 바스테나 수도원의 몇몇 수도사들이 측시학에 관심을 보였고 1507년에 그 가운데 한 명이 웁살라 대성당 돔의 천문 시계를 제작했다.[72] 1537년에 스코틀랜드 애버딘의 마을 시계는 "알렉산더 린지 수도사가 개·보수했다."[73]

독일(중세에 넓은 의미로 사용된 지정학적 표현)[74]은 유능한 대장장이-시계공이 상대적으로 풍부했던 것 같다. 독일 수공업자들은 일찍이 좋은 평판을 얻었고 자국 수공업자가 부족하지 않았던 프랑스나 이탈리아 같은 나라로 자주 초청받았다. 1370년 프랑스의 샤를 5세는 궁전에 공공 시계를 설치하고자 했을 때 독일 수공업자 앙리 드 비크(비크의 하인리히)를 파리로 데려왔다. 1407년에 파리에서 "왕비의 내실에 둘 작은 시계(petite orloge)"를 만든 이는 또 다른 독일인 "자물쇠공" 장 달레마뉴*였다.[75] 15세기에 일부 독일인 시계공은 밀라노와 로마 등 이탈리아 도시에서 활동하고 있었다.[76] 그러나 비록 숙련 대장장이-시계공이 특정 지역에 더 많이 있었다 할지라도 15세기 말이 될 때까지는 유럽에 진정한 시계 제작 중심지는 존재하지 않았다. 시계는 보통 그것을 필요로 하는 곳에서 제작되었으며 이동한 것은 상품이 아니라 시계 제작자였다.[77] 시계공은 수가 적었기 때문에 그들에 대한 수요는 늘 있었다.[78] 하지만 그들의 작업에 대한 현지의 수요 역시 금방 포화 상태가 되었기 때문에 한곳

---

* 원문은 Jehan d'Alemaigne로, '독일 사람 요한'이란 뜻이다.

에 다수가 정착하기는 거의 불가능했다. 이러한 여러 이유들과 다른 금속 노동자와 거의 구분이 되지 않는다는 사실 때문에 시계공은 자신들만의 길드가 없었다. 따라서 중세 말까지도 시계 제작 분야의 조직들은 직물업을 비롯해 다른 직업군에서는 오래전에 폐기한 몇몇 원시적 특징들을 여전히 유지하고 있었다.

    16세기와 17세기를 거치면서 가내용 시계와 휴대용 시계에 대한 수요가 더 커졌고 정착 숙련공 집단의 형성이 가능해졌다. 먼저 아우크스부르크와 뉘른베르크가 시계 제작의 중심지로 부상했다. 나중에는 블루아, 파리, 리옹, 제네바, 런던 같은 중심지들도 발달했다. 파리에는 16세기 중반에 대략 20명의 시계 장인과 더불어 수가 알려지지 않은 견습생과 직공이 있었고[79] 1640년대에 장인의 수는 70명이었다.[80] 블루아에는 1600년에 대략 17명의 장인이, 1639년에는 대략 45명의 장인이 있었다.[81] 리옹에는 1570년에 10명 이상의 장인이, 1610년에는 대략 16명이, 17세기 중반 직후에는 40명에서 60명가량이 있었다.[82] 제네바에는 16세기 말에 이르러 20명 이상의 시계공이 있었고[83] 그 수는 다음 몇십 년 사이에 급속히 증가했다.[84] 아우크스부르크에서는 1615년에 43명의 시계 장인과 더불어 다른 도시에서 와서 아직 시민권을 얻지 못한 직인이 43명 있었다.[85] 런던에는 1620년대에 60명 이상의 시계 장인이 있었던 것 같다.[86] 시계공이 부유해지고 수도 많아진 일부 중심지에서는 시계공들이 마침내 길드를 설립했다. 파리에서는 1544년에, 블루아에서는 1597년에, 제네바에서는 1601년에, 툴루즈에서는 1608년에, 런던에서는 1631년에, 리옹에서는 1658~1660년에, 헤이그에서는 1688년에, 스톡홀름에서는 1695년에, 코펜하겐에서는 1755년에 시계공 길드가 설립되었다.[87] 이러한 사례들을 일반화할 필요는 없다. 많은 도시에서 시계공은 길드가 없었고 대신 다른 제조공 길드에 속해 있었다.[88] 다른 여러 도시에서는 먼 훗날까지도 시계공이 거의 없었다.[89] 흥미롭게도 중세까지 측시학 분야에서 선진국이었던 이탈리아에서는 근대에 시계 제작 중심지가 발전하지 않았다.[90] 뛰어난 시계공이 전혀 없지는 않았지만 이탈리아 제후들은 숙련 수공업자를 흔히 프랑스나 독일에서 초빙했다.[91] 그러나 16세기와 17세기를 거치면서 이탈리아 사회는 급격히 쇠락했고 이는 17세기 이탈리아 상업 및 산업의 쇠퇴와 맞물렸다.[92] 따라서 종국에 이탈리아에서는 소수의 뛰어난 수공업자들이 대개 제후와 교황, 여타 사회 고위 인사의 후원 아래 활동하며 귀족을 위한 예술적 작품을 내놓는 상황이 만연했다.[93]

대부분의 시계가 쇠나 청동으로 만든 거대한 공공 시계였으므로 시계 제작자들이 대장장이나 자물쇠공, 총포 대장장이, 일반적인 금속 노동자인 것은 이해할 만하다. 하지만 가내용 시계와 회중시계가 점차 흔해진 16세기와 17세기를 거치면서 상황은 변했다. 더 작은 시계들은 값비싼 장치였고 부유층이 소유했다. 시계는 사치품이라 르네상스 후기와 바로크 시대를 특징짓는 장식 과잉 열풍의 한가운데에 있었다.[94] 새로운 유행을 만족시켜야 하는 수공업자들은 이제 대장장이나 자물쇠공보다 보석 세공인의 기술이 필요했다.[95] 영국, 프랑스, 독일, 이탈리아 등지에서는 "커다란 공공 시계 제작자"와 "작은 시계 및 회중시계 제작자" 사이에 뚜렷한 구분이 생겨나기 시작했다.[96] "작은 시계 및 회중시계 제작자"들이 이용하는 원자재는 흔히 값나가는 것이었고 고도로 장식적인 시계 제작을 전문으로 하는 사람들은 운영 자금을 마련하는 데 상당히 많은 투자가 필요했다.[97] 부유한 고객을 상대하거나 제후를 후원자로 둔 장인들은 경제 여건이 좋았다.[98] 앞으로 살펴보겠지만, 시계 제조업이 두드러진 산업으로 발전한 제네바 같은 중심지는 시계공들이 눈에 띄는 사회적 지위도 획득했다.[99] 그러나 대체적으로 시계공은 부자가 아니었고 시계 제조업이 딱히 보수가 많은 직업으로 간주되지도 않았다.[100] 1580년대 프랑스의 한 문헌에서는 파리의 직업군의 경제적 능력을 추정해 그에 따라 다섯 등급으로 구분했다. 재정적인 목적으로 작성된 이 문헌에서 시계 제조업은 3등급으로 매겨졌다.[101] 17세기 후반과 18세기 초반 네덜란드에서는 직업을 4등급으로 나눴는데 시계 제조업은 2등급이었다.[102] 이러한 폭넓은 일반화는 시계공의 경제적 지위를 지나치게 낙관적으로 추정하지는 않았을 것이다.[103]

시계공은 어떤 사람들이고 그들의 사회적 출신은 어땠을까? 학자인 조반니 데 돈디는 드물지는 않을지라도 특별한 경우였고[104] 시계 제작자로 변신한 수도사들도 마찬가지였다.[105] 적어도 일부 선진적인 지역의 경우 15세기 중반 이후로는 대다수의 시계공들이 유럽 도시 사회에 특징적인 거대한 수공업자 계층에서 나왔다. 1550년부터 1650년까지 리옹에서 활동한 (그리고 그들의 아버지의 직업을 우리가 아는) 33명의 시계공 가운데 13명은 시계공의 아들이었고 두 명은 보석 세공인, 두 명은 상인, 두 명은 교사, 두 명은 재단사의 아들이었다. 나머지 12명 가운데 한 명은 약제사의 아들이었고 한 명은 외과 의사, 한 명은 제화공, 한 명은 금속 주조공, 한 명은 총포공, 한 명은 조폐 장인, 한 명은 레이스 세공인, 한 명은 서무관, 한 명은 목수, 한 명은 서기, 한 명은 치안관*, 한 명은 미숙련 노동자의 아들이었다. 프랑스 블루아에서 1550년부터 1700년까지 활동한 시계공과 견습생 가운데 65명 이상이 시계공의 아들이었고 네 명은 상인, 세 명은 보석 세공인, 세 명은 목수, 두 명은 외과 의사, 한 명은 약제사, 한 명은 서기, 한 명은 공증인, 한 명은 건축가, 한 명은 총포공, 한 명은 무구 제작자, 한 명은 재단사, 한 명은 자물쇠공, 한 명은 치안관, 한 명은 징세인의 아들이었다.[106] 다른 지역에서 수집할 수 있는 사례에서도 이러한 현실을 확인할 수 있다. 1569년에 제네바의 시계 제작 견습생은 총포공의 아들이었으며 1672년 또 다른 견습생은 철학 교수의 아들이었고 1674년 또 다른 견습생은 의사의 아들이었다.[107] 영국에서는 토머스 톰피언은 대장장이의 아들이었

---

* 중세 성의 수비, 무구 관리, 치안 전반을 담당한 사람.

고 존 해리슨은 목수의 아들, 토머스 머지는 성직자의 아들, 존 아널드는 시계공의 아들이었다.[108] 영국에서 태어나 1590년대에 블루아로 이주한 야콥 드뷔르주는 서적 판매상의 아들이었다.[109] 17세기 바젤의 두 견습생은 각각 시계공과 교회 집사의 아들이었다.[110] 시계공 길드가 설립된 곳에서는 조합 체제가 명백히 현지 시계공 집단의 사회적 지위에 영향을 미쳤다. 우선 길드는 장인과 일반 노동자 사이의 구분을 강조하고 제도화했다.[111] 둘째로 견습생 교육이나 길드 가입을 위한 높고 차등적인 가입비의 확립으로 길드는 새로운 장인이 생겨날 수 있는 영역을 제한하고[112] 특정 집안에서 직업이 세습되는 경향을 강화했다.[113]

대체로 중세 학자들은 기계에 관심이 없었지만 시계는 천문학과의 연계 덕분에 예외였다. 중세 수도사들과, 아버지와 아들 모두 모두 파도바 대학 "철학, 의학, 천문학 박사(philosophie, medicine et astrologie doctores)"였던 돈디 부자의 기여에 대해서는 이미 언급한 바 있다. 르네상스 시기에 시계는 유용하고 우아한 장식품으로서 상류층에서 점점 더 인기를 끌게 되었고 기계로서 시계는 전문 학자와 아마추어 학자, 교양인 일반의 탐구심과 호기심을 갈수록 자극했다. 조르조 바사리에 따르면 브루넬레스키는 "면학에 힘쓰는 몇몇 사람들과 함께 시간과 운동, 추와 톱니바퀴의 문제를 살펴보고 그것들을 작동시키는 방법을 연구해 본인이 직접 매우 훌륭하고 아름다운 시계를 만들었다."[114] 로렌초 델라 볼파이아는 "탁월한 시계 장인이자 뛰어난 천문학자(eccellentissimo maestro d'oriuoli et ottimo astrologo)"였으며 로렌초 일 마니피코, 즉 로렌초 데 메디치를 위해 매우 정교한 공공 시계를 만들었다.[115] 위대한 레오나르도 다빈치는 시계태엽 장치에 관심이 많아서 실제로 자신의 스케치에 일종의 탈진기를 묘사하기도 했는데 그 스케치를 보면 다빈치는 진자를 조절 장치로 활용할 생각이었던 것 같다. 16세기의 위대한 수학자 크레티앵 에를랭과 콘라드 다시포디우스는 스트라스부르 대성당의 거대한 시계를 연구했다.[116]

과학 연구 활동이 만발하고 폭발적인 활기를 띤 17세기 과학혁명의 시대에 새로운 과학의 대변자들은 측시학에 열렬한 관심을 보였다. 그들이 보기에 시계는 우수한 기계였고 시계는 그들을 사로잡았다. 그러나 거기에는 단순한 매혹 이상이 존재했다. 16세기와 17세기는 위대한 천문학적 발견을 목도하고 대양 항해가 크게 확장된 시기였다. 천문학자와 항해자 모두 정확한 경도를 결정하고 별이 뜨는 정확한 시각을 측정하기 위해 정밀한 시간 측정 기기가 필요했다.[117] 그와 동시에 고도로 정밀한 측시기를 제작하기 위해서는 과학혁명의 핵심인 역학의 기본 문제들을 먼저 해결해야 했다. 시간을 측정하고 정확한 시계를 만드는 문제에 몰두한 사람들로는 갈릴레오 갈릴레이, 크리스티안 하위헌스, 로버트 후크, 호바르트 벤델런, 니콜라스 파티오, 빌헬름 라이프니츠를 들 수 있다.[118]

16세기 중반까지도 폴리옷이 달린 굴대 탈진기는 독보적인 지위를 누렸고 측시기를 제작하기 위해서는 다소 조잡한 그 장치에 의존해야 했다. 그러나 과학자들이 시간 측정 문제에 주목하게 된 17세기 중반을 거치면서 측시학에 과학적 원리와 체계적인 실험이 적용되었다. 당시 과학자와 시계공들은 긴밀하게 협력했고[119] 그 결과 일련의 혁명적 발견이 이루어져 시계 제작의 기술 진보에서 돌파구가 열렸다. 가장 중요한 단계는 조절 장치로 폴리옷 대신 진자를 이용해 새로운 작동 방식을 도입한 것이었다. 갈릴레이도 이런 종류의 해법을 생각했지만 1650년대 후반에 이 문제를 해결하고 진자시계 제작에 착수한 사람은 크리스티안 하위헌스였다.

혁신의 중요성은 다음 그래프에서 드러난다. 그래프에 표시된 1800년 이전 시기의 값은 물론 당대에 성능이 가장 뛰어난 시계의 평균적인 정확도를 기준으로 한 추정치이지만[120] 여러 한계에도 불구하고 이 자료는 하위헌스의 발견의 중요성을 보여주기에 부족함이 없다. 진자의 출현은 정밀성이 떨어지는 측시기의 시대를 끝내고 고정밀 기기의 시대를 열었다. 더 일반적인 차원에서 이 그래프는 17세기에 진행된 기술의 역사에서 극적인 단절을 보여주며 "과학혁명"이라는 표현의 타당성을 충분히 입증한다. "혁명"에 뒤이은 응용 기술의 발전에서 진보는 기하급수적으로 이루어진 듯하다. 측시학이라는 협소한 분야에서 일련의 중요한 발견과 혁신은 진자시계의 탄생을 동반하고 또 뒤따랐다. 하지만 측시학에서 일어난 모든 일은 서로 맞물려 있는 기술적 변화의 더 폭넓고 복잡한 흐름의 한 측면

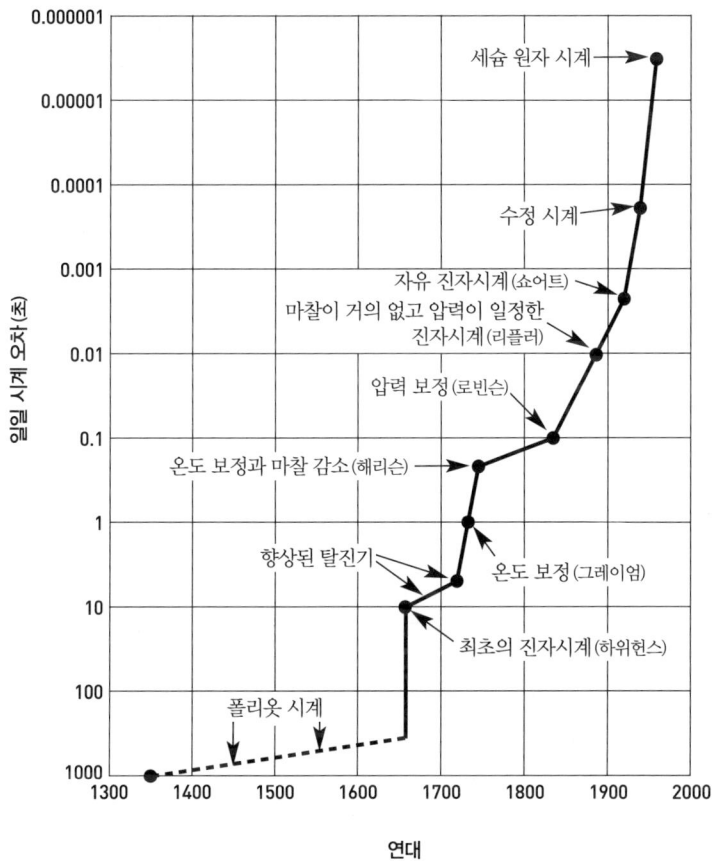

|
F. A. B. 워드F.A.B.Ward가 고안한 그래프를 바탕으로 작성한 것이다. 서유럽에서 시계의 정확도는 14세기에 일일 오차범위 15분에서 20세기에 일일 오차범위 1초로 개선되었다. 조지프 니덤은 1090년에 만들어진 소송의 물시계가 이 그래프에 표시된다면 세로축 100과 10 사이의 어딘가에 위치할 것이라고 추정했다.

에 불과하다. 시계 제작은 물리학과 역학의 이론적 발견이 실용화된 최초의 산업이었다. 동시에 그것은 응용역학의 전반적 발달에서 첨단을 달리며 과학 기구의 진화에서 가장 중요한 역할을 담당했다. 아래와 같이 쓰인 대로

> 정밀 기기 분야에서 최초의 업적과 오늘날까지 이어지는 그 분야의 기술 진보에서 가장 중요한 진전은 측시학에 돌아가야 한다. (…) 아주 이른 시기부터 시계공들은 그들이 하는 가장 섬세한 작업을 정확하게 수행할 수 있는 도구들을 고안했다. (…) 그들은 열에 의한 금속의 팽창과 태엽의 탄성, 복원력을 연구하기 위해 작업에 쓰이는 다양한 유형의 강철과 구리의 속성을 조사하게 되었다. 그들은 몇몇 단순한 도구들을 제작하는 데 필요한 기계를 발명하고 개량했다. 따라서 시계의 정밀도를 지속적으로 향상시킨 엄밀하게 측시학적인 발명 이외에도 시계공들은 끊임없이 개선되고 있으며 가져다 쓰기만 하면 되는 다수의 장비들을 도구 제작자들의 손을 통해 직간접적으로 역학 분야에 제공했다.[121]

최초의 정확한 측시기의 출현을 목격한 세기가 정밀 과학 기기 전반이 산업으로 탄생하는 것을 목도한 세기라는 것은 우연이 아니다.[122] "정밀 기기는 과학의 진보를 가져온 반면, 과학은 정밀 기기의 향상을 가능케 했다(Les instruments précis font progresser la science,

| 티치아노의 작품(1550년경). 누구인지 밝혀지지 않은 이 몰타 기사단 기사의 초상화는 시계에 대한 당대의 관심을 보여주는 좋은 실례이다. 스페인 프라도미술관 소장.

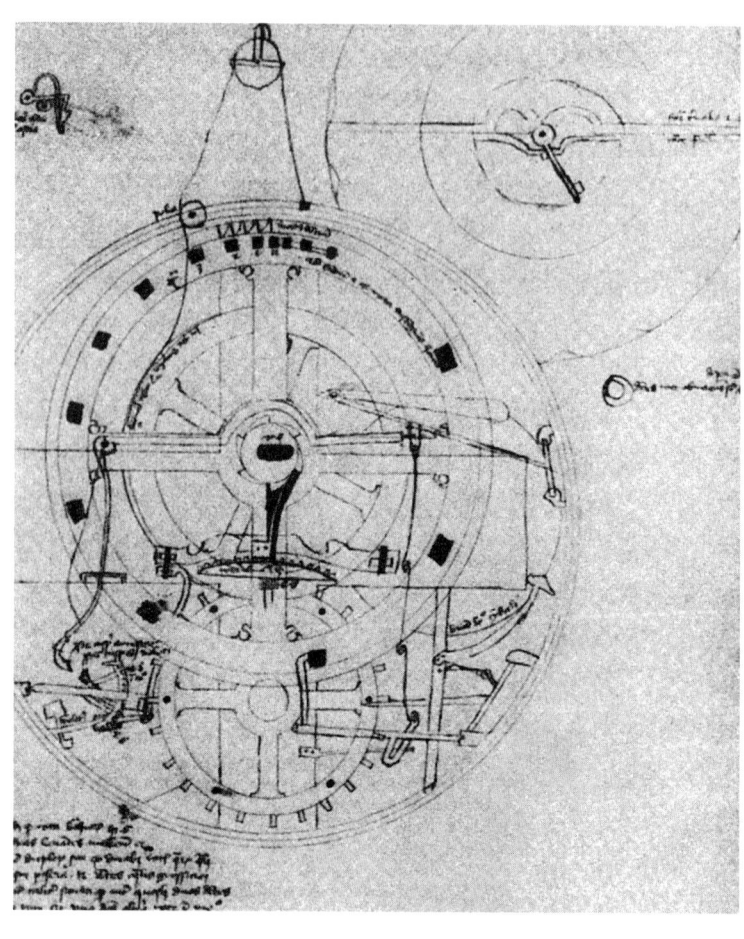

|
추로 작동되는 벽시계 설계도. 1365~1436년경 장 퓌소리Jean Fusoris가 그린 것으로 추정된다. 프랑스 국립도서관 소장.

|
독일에서 제작된 벽시계. 1450년경의 작품으로 추정된다. 백여 년 전 제작된 조반니 데 돈디의 시계와 비교해보면 수준 차이를 알 수 있다.

시계공의 공방을 묘사한 16세기 판화.

tandis que la science permet l'amelioration des instruments précis)." 오랜 잉태 기간을 거친 후 우리의 근대과학이 탄생했다. 그리고 누적된 과정은 점진적으로 그 발전을 가속화했다. 루이스 멈포드는 "증기 기관이 아니라 시계가 근대 산업 사회의 핵심 기계"라고 썼을 때 사태를 과장했지만 그 과장된 표현에는 적지 않은 진실이 담겨 있다.

런던과 제네바, 시계 산업 중심지로 부상하다

1745년, 영국 시계의 수출을 언급하면서 존 캐리는 "시계를 만드는 데 들어가는 원자재는 값이 별로 나가지 않기 때문에 우리는 기술과 노동만 판다."라고 적었다.[123] 1843년에 제네바에서 회중시계의 제작 비용을 평가하면서 J. A. 블로흐 보렐은 원자재(금과 은) 비용이 전체 비용의 대략 칠분의 이를, 인건비가 나머지를 차지한다고 추산했다.[124] 그 이전 세기였던 16, 17세기에는 원자재 투입 비용이 다소 더 들었던 것이 분명하다. 하지만 그 시기에도 노동의 상대적 중요성은 좀처럼 무시할 수 없다. 또한 다음과 같은 사실에 주목할 필요가 있다. 가내용 시계와 회중시계를 제작하는 데 들어가는 원자재는 무게가 가볍고 부피도 작았다. 그리고 운송이 결코 쉽지 않았던 시대에도 상대적으로 제법 저렴한 비용으로 장거리에 걸쳐 쉽게 운반할 수 있었다. 따라서 원자재의 입수 가능성은 시계 산업의 입지 조건에 큰 비중을 차지하지 않았다. 다른 요인이 훨씬 더 중요했던 것 같다. 즉 시계에 대한 수요와 숙련 노동력의 공급이다. 블루아와 파리에서 시계 산업의 성장은 명백히 시계에 대한 궁정과 귀족, 부유한 부르주아 계층의 수요와 관련이 있었다. 다른 곳에서는 외국의 수요를 포착하고 그 자극을 전달하던 상업 조직과 현지의 수요를 결합하는 일이 결정적으로 중요했다. 수요는 필수 요인이었으나 그것만으로 특정 지역에서 시계 산업의 성장을 설명하기에는 충분하지 않다. 숙련 노동력의 공급도 반드시 고려해야 한다.

나는 이미 15세기 말에 이를 때까지도 시계 제작 중심지라고 부를 만한 곳이 없었다고 언급했다. 그러나 15세기 말이 되면 아우크스부르크와 뉘른베르크가 그러한 중심지로 성장했다.[125] 중세를 거치며 두 도시는 금속 세공의 위대한 전통을 발전시켜 나갔다. 게다가 두 도시는 수출을 위한 좋은 기회를 제공하는 거대한 상업 중심지였다. 이러한 상황이 결합하여 시계 제조업이 성장하고 번영했다.

16세기 초반이 되자 뉘른베르크와 아우크스부르크의 장인들과 그들의 제품은 유럽 전역에 알려졌다. 두 도시의 명성은 매우 높아져서 뉘른베르크의 페터 헨라인은 오랫동안 회중시계의 발명자로 잘못 알려져 있었다.[126] 우리에게는 뉘른베르크의 시계공 숫자에 대한 정보가 없다. 아우크스부르크의 경우, 1610년과 1615년, 1619년에 실시된 인구조사는 대략 40명의 시계 장인과 그와 비슷한 숫자의 직공이 도시에 있었음을 보여준다.[127]

찬란한 경제 성장의 시대는 16세기 중반쯤에 막을 내렸던 것 같지만 측시학과 관련하여 두 독일 도시의 명성은 17세기 초반까지 지속되었다. 16세기 말에도 여전히 아우크스부르크와 뉘른베르크에서 제작된 시계는 먼 외국 시장으로 수출되고 있었다.[128] 이탈리아인 가르초니는 "다수의 독일 수공업자들은 시계 제작 능력이 뛰어나며 가장 정확한 최상의 시계는 실제로 독일에서 나온다."라고 적었다.[129] 1600년 무렵에 파인스 모리슨은 "손재주와 관련하여 네덜란드인은 독일인보다 더 근면하고 모든 기예와 직업 분야에서 독일인을 능가한다. (…) 하지만 뉘른베르크 지역의 독일인들이 시계 및 그와 유사한 물건을 가장 잘 만드는 것으로 여겨진다는 점을 밝혀야겠다."라고 적었다.[130] 이러한 우위는 남쪽의 이탈리아와 북쪽의 안트베르펜 같은 뉘른베르크와 아우크스부르크의 전통적 고객들의 몰락과 함께 30년 전쟁(1618~1648년)의 참화로 끝나게 되었다. 인구 대장에 따르면 1645년 아우크스부르크에는 단 일곱 명의 시계공만이 남아 있었다.[131]

시계공은 그 시대의 다른 수공업자들과 많은 특징을 공유했다. 소수의 예외를 제외하고 그들은 젊은 시절 혈기 왕성하고 난폭했으며 성인이 되어서는 다투기를 좋아하고 부정한 이득을 취할 기회가 생기면 마다하지 않았다.[132] 물론 그 가운데 글을 읽을 줄 아는 사람도 있고 모르는 사람도 있었지만 전체적으로 시계공은 비교적 높은 문자 해득률로 다른 수공업자들과 구별되었다.[133] 사실, 많은 시계공이 읽고 쓰는 수준을 뛰어넘어 교육을 잘 받았다. 16세기 후반 블루아의 시계공이었던 쥘리앵 쿠드레이와 기욤 쿠드레이는 왕립 도서관을 자주 들락거렸다. 1637년에 블루아에서 죽은 크리스토퍼 피롱은 유산으로 "다수의 천문학 도서(une quantité de livres d'astrologie)"를 남겼고 1600년대 초에 블루아에서 활동한 자크 뒤듀이는 뛰어난 작가였다. 1616년 라로셸에서 죽은 "도시의 시계 제작자(horlogeur de la Ville)" 장인 장 플랑은 "수학과 축성술의 천재(sçavant aux mathématiques et aux fortification)"였다.[134] 시계 제작은 소묘에서 특정한 기술을 요구했으며 시계공들은 셈을 할 줄 하는 것이 필수적이었다.[135] 17세기에 제네바에서 작성된 여러 견습생 계약서를 보면 장인이 "견습생에게 읽고 쓰는 법을 가르쳐야 하며 특히 견습생 첫해에 교육해야 한다."라고 명시되어 있다.[136]

종교개혁기에 상대적으로 많은 수의 시계공들이 개종한 것 같다. 1550~1650년 사이에 가톨릭 도시인 리옹에서 살았고 우리가 종교를 알 수 있는 90명의 시계공 가운데 50명은 가톨릭교도, 40명은 신교도였다. 파리의 경우 정확한 수치를 알 수 없지만 몇몇 증거는 그곳도 리옹의 상황과 유사했음을 가리키는 것 같다. 신교로 개종한 시계공에 대한 정보는 블루아와 라로셸 같은 곳에서도 얻을 수 있다.[137] 시계공들의 높은 문자 해득률과 비교적 많은 시계공들이 종교개혁 운동을 지지한 것 사이에 얼마간 상관관계가 존재한다고 보는 것이 합리적이다. 그들의 종교적 성향의 이유가 무엇이든 간에 시계공들은 저지대 지방 남부와 프랑스, 이탈리아에서 자주 박해받았다. 그 결과 우리는 유럽 경제력의 균형 관계를 변화시키는 데 일조한 숙련 노동력의 이주의 역사에서 이들의 존재를 빈번히 만나게 된다.

사실, 여기에서 이 시기 측시학의 사회사에 관한 흥미로운 일면이 엿보인다. 적어도 17세기 말까지 시계 산업은 커다란 자본 설비나[138] 복잡한 조직이 필요하지 않았다. 수요 측면에서 만족스러운 여건만 조성된다면 커다란 시계 산업 중심지를 형성하는 데 필요한 것은 몇 안 되는 수공업자들뿐이었다. 이미 지적한 것처럼 17세기 중반에 파리에는 시계 장인이 24명이었고 시계 산업의 중심지였던 리옹의 장인 숫자도 그보다 많지 않았다. 산업을 건설하거나 파괴하려면 십여 명의 수공업자를 해고하거나 떠나게 하면 됐다. 오늘날 우리의 측시학 수준은 그렇게까지 취약하지 않지만, 더 고차원적 수준에서 뛰어난 과학자 십여 명을 골라 학살한다면 여러 과학 분과의 진보가 정체될 것이다. 뉘른베르크와 아우크스부르크는 쇠퇴한 반면 제네바와 런던은 시계 산업의 주요 중심지로 부상했다. 두 지역 모두 산업의 발달은 소수의 피난민의 유입[139]—적지만 귀중한 분량의 인간 기술의 투입과 관련이 있었다.

1449년 제네바에는 시계공이 딱 한 명 있었다.[140] 1464년 징세 대장에는 시계공이 언급되지 않았다.[141] 1515년 생피에르 교회의 시계가 고장 났을 때는 시계를 수리할 수 있는 수공업자가 없었다.

1550년 직후, 몇몇 시계공이 제네바에 난민으로 도착하기 시작했다. 필리프 봉과 바야르라는 장인은 로렌에서 왔고 장인 소믈리에는 디에프에서, 로랑 드롱델은 파리에서, 피에르 샤르팡티에는 오를레앙에서, 피에르 드 포비에는 랑그도크에서 왔다. 난민 목록은 계속 열거할 수 있다. 목록에는 저지대 지방 남부, 이탈리아, 독일에서 온 시계공도 찾을 수 있지만 대부분은 프랑스에서 왔다. 당시 제네바의 문은 종교적 박해를 피해 도망쳐온 모든 이에게 열려 있었다. 사실 자유사상가 파당*을 물리친 후 자신의 지지자의 수를 늘리는 것은 칼뱅의 주된 관심사였다. 이민은 경제적 어려움을 야기하지 않았던 것 같다. 반대로 노동 인구의 급속한 성장은 놀라운 경제 르네상스를 동반했는데 어느 정도는 이민자들이 대체로 숙련공이었던 덕분이고[142] 또 어느 정도는 제네바가 수출에 매우 유리한 시장이 열리고 있던 전통적 상업 중심지였기 때문이다. 뒤따른 번영은 당대 문헌이 못마땅하게 언급한 대로 "복음보다는 솜씨를 발휘할" 기회에 이끌린 사람들을 제네바에 불러들였다. 피난민 가운데 시계공은 그리 많지 않았지만[143] 앞서 언급했듯이 당시에 시계 산업 중심지가 되는 데는 소수의 시계공만으로 충분했다. 한편으로 그 소수의 시계공은 급속히 증가했다. 1600년 무렵 제네바에는 25명에서 30명 정

---

* **자유사상가 파당**the Libertines 16세기 중반 제네바의 세속주의 정치 집단. 정치에 신학을 적용하려는 칼뱅의 이념에 반대했다.

도의 시계 장인이 존재했고 알려지지 않은 수의 직공과 견습생이 있었다.¹⁴⁴ 1680년대가 되자 그레고리오 레티의 말에 따르면 백 명 이상의 장인과 대략 3백 명의 직공이 연간 5천 점 이상의 시계를 생산했다.¹⁴⁵

런던의 경우도 제네바와 다르지 않다. 헨리 8세(1509~1547년 재위)와 엘리자베스 1세(1558~1603년 재위) 치세 동안 상당수의 외국인들이 영국 정착을 허락받았다. 외국 수공업자는 흔히 영국 수공업자의 적대감을 불러일으켰고 "이방인 기술자"에 대한 1517년 런던 견습생의 메이데이 폭동은 외국인과의 경쟁에 영국 수공업자들이 얼마나 불만을 품었는지를 보여준다. 제정된 법령들도 때때로 외국 수공업자의 유입을 장려하기보다는 저해하고자 입안되었던 것 같다.¹⁴⁶ 그러나 외국인들은 영국의 산업 체제에 성공적으로 진입했다. 다른 한편으로 볼 때, 영국 수공업자들의 반응을 오해해서는 안 된다. 이들의 반응이 반드시 외국의 사상과 기술에 대한 수용성의 부족을 의미하지는 않았다. 그것은 외국 수공업자에 대한 널리 퍼진 시기에서 기인했다.¹⁴⁷ 파인스 모리슨은 "이방인이 솜씨가 더 뛰어나고 조예가 깊기에 영국인은 자국인보다 이방인 의사와 교수를 선호하며 그 때문에 영국인은 외국으로 여행을 많이 하고 또 여행을 많이 하는 민족으로 자부한다."라고 적었다.¹⁴⁸

헨릭 입센은 『헤다 가블러』에서 헤다의 남편이 지루하고 현학적인 사람임을 나타내고자 그가 16세기 직물업에 관한 연구서를 쓰고 있다고 언급한다. 16세기 직물업에 관심이 있는 학자들에 대한 나의 의견은 입센보다는 더 호의적이지만, 1550년 이후 영국 모직물 수출의 침체[149]에 관한 오늘날의 과도한 관심은 엘리자베스 시기 영국 경제사와 사회사에 대한 우리의 시각을 더 흐리게 하지 않았나 하는 의심이 든다. 학계 일각에서는 산업혁명 이전에 산업혁명 따위는 없었음을 입증하기 위해 많은 시간과 엄청난 에너지를 쏟아왔다. 우리는 딱히 도발적이지 않은 이 시각에 물론 순순히 동의할 수 있다. 하지만 한편으로 엘리자베스 시대 영국에서 교육, 조선, 항해, 해외무역, 건축업, 제철업 같은 많은 기초 분야에서 혁신이 매우 지배적이었음은 물론이거니와 이러한 경제활동 가운데 일부가 최초로 "정량적" 접근법으로 분석되고 있었다는 사실에도 여전히 동의할 수 있다.

측시학의 경우, 영국의 후진성은 16세기 말까지 눈에 띈다. 넌서치 궁전의 시계를 얼마간 손보고 싶었을 때 헨리 8세는 프랑스에서 시계공을 데려와야만 했다.[150] "국왕 시계 설계자" 니콜라스 크라처는 바이에른 사람이었다.[151] 회중시계 생산에 관해서는 1580년 전까지는 영국산 회중시계에 대한 기록이 없으며 이 시기 직전에 회중시계 제작자에 대한 기록이 있을 뿐이다.[152] 그러나 16세기가 저물기 전에 변화와 개선의 뚜렷한 조짐이 나타나기 시작했다. 시계에 대한 수요가 커지고 있었고 외국 수공업자들이 유입되고 있었다. 엘리자베스 여왕의 시계공이었던 니콜라 위르소는 프랑스 출신이었다.¹⁵³ 1580년대 런던에서 시계를 제작했던 프랑수아 노¹⁵⁴ 역시 이름으로 보건대 틀림없이 프랑스 출신이었을 것이다. 그들의 사례는 간과되는 법이 없었는데 엘리자베스 시대 영국인은 오늘날 우리가 일본인과 연결시키는 특징들이 두드러졌기 때문이다. 16세기 마지막 20년 동안 영국 수공업자들이 만든 최초의 회중시계들은 프랑스와 독일 모델을 복제한 것으로 창의성은 떨어지지만 꼼꼼했다. 엘리자베스 여왕의 시계공으로 임명된 바살러뮤 뉴섬이 만든 회중시계에는 구멍이 뚫린 독일식 덮개가 달려 있다. 런던의 랜돌프 불이 만든 시간을 알리는 시계(현재 옥스퍼드 애슈몰박물관에 소장된 맬릿 컬렉션의 일부)는 혼합형의 좋은 실례이다. 작동 방식은 프랑스식이고 케이스는 독일식이며 13시부터 24시까지 표시된 숫자판 위 안쪽 고리는 영국이 아니라 독일에서 통용된 시간 측정 체계에 적합하다.¹⁵⁵ 어떤 경우, 영국의 시계공들은 안쪽 시계 부품은 자신들이 제작한 후 대륙에서 만들어진 케이스를 씌웠는데 영국산보다 더 화려한 디자인과 고급스러움을 보여주었기 때문이다.¹⁵⁶

비록 외국 제품을 기꺼이 모방했지만 영국 시계공들에게 외국 수공업자들의 끝없는 이주는 조금도 달갑지 않았다. 1622년에 분노한 "런던의 시계공 시민과 거주민"은 "이 왕국에 침입한 많은 이방인들의 개입으로 직업 활동에서 방해를 받고 평판이 떨어지고 있다."고 당국에 불만을 터트렸으며 물론 그들은 "이방인들"이 온갖 종류의 "악행"을 저질렀다고 비난했다.¹⁵⁷ 5년 후에 "런던 시의 자유민 시계공"들은 "외국 시계공" 특히 "프랑스 시계공"의 "침입으로 극도로 시달리고 있다."는 불만을 제기했다.[158] 1622년 문서에 딸린 한 인명부에 따르면 런던에는 영국인 시계공 "가옥 소유자"가 16명 있었고 "같은 직업을 가진 외국인" 약 30명이 "런던과 그 인근에 거주"하는 것으로 알려져 있었으며 얼마간의 외국인 견습생도 있었다. "같은 직업을 가진 외국인"의 이름은 그들 대부분이 프랑스 출신이었음을 가리킨다. 프랑스 장인들 대부분은 위그노였지만 몇몇은 그렇지 않았다. 1618년 추밀원이 접수한 「런던 시내에 거주하고 있는 이방인의 이름의 정확한 공증서」를 보면 패링턴 구에서 "버너비 마르티노, 시계공, 파리 출생, 가톨릭", 포츠오큰 구에서 "존 고다드, 시계공, (…) 교황 신자"를 발견할 수 있다.[159] 덧붙이자면, 1622년 인명부에서는 1613년에서 1622년 사이에 런던으로 이주한 루이스 쿠퍼라는 사람을 찾을 수 있다.[160] 쿠퍼 가는 당시 블루아에서 유명한 시계공 가문이었지만 원래는 독일계로 16세기 중반 이전 어느 시기에 블루아에 정착한 것이다.[161] 이렇게 에두른 방식으로 능력과 기술은 유럽 전역으로 퍼져나갔다.

    1622년의 인명부가 영국인 시계공의 수를 악의적으로 낮춰 잡았다고 의심할 만한 이유가 있다.[162] 하지만 인명부에 기재된 숫자를 두 배로 늘려 잡는다고 해도 "영국인" 시계공 대 "이방인" 시계공의 비율은 여전히 같은 사실을 입증할 것이다. 제네바와 마찬가지로 런던에서도 시계 산업의 성장과 발전에 가장 중요한 요인은 외국인 수공업자의 이주였다.

1657년까지도 시계와 관련한 문제에서 영국은 여전히 대륙으로부터 빌려오는 쪽이었다. 그해에 존 프로만틸이라는, 17세기 전반에 영국에 정착한 네덜란드 가문 출신의 사람이 최근에 하위헌스가 발명하고 살로몬 코스터가 만든 진자시계 제작법을 배우러 네덜란드로 갔다. 존이 돌아오자마자 프로만틸 가는 영국에서 최초로 진자시계를 만든 사람들이 되었다.[163] 그러나 17세기를 거치면서 영국의 제작자들은 독창적인 사고방식을 확립하고 대륙의 동료들에 대해서 논란의 여지가 없는 우위를 누리면서 눈에 띄는 진전을 보였다. 유명한 로버트 후크 박사처럼 발명에서 천재성을 발휘한 사람들과 더불어, 영국인 시계공들은 시계의 정밀도를 향상시키고 독창적인 여러 시계 장치를 발명했다. 그러한 장치 가운데서 1670년 무렵에 출현한 앵커 탈진기 anchor escapement를 언급해야 한다. 이 탈진기는 마모를 크게 감소시킨 장점이 있었다. 나아가 매개 장치에 의존하지 않고도 호의 각도를 줄이면서 긴 진자를 사용할 수 있게 되어 더 정밀한 시간 측정이 가능해졌다. 반복 타종 메커니즘도 언급해야 한다. 집안에 불을 밝히는 것이 간단한 일이 아니었던 시대에 밤에 시간을 알려주는 것은 어려운 문제였다. 프랑스의 M. 드 빌라이예는 숫자판 안의 숫자에 여러 종류의 향신료를 바른 시계를 설계함으로써 이 문제를 해결했다고 한다. 밤이 되면 그는 시침이 가리키는 지점에 손을 뻗어 향신료의 맛을 보고 몇 시인지 알았다.[164] 영국의 시계공들은 그보다는 덜 요리학적인 해법을 추구하여, 1680년대에 대니얼 퀘어와 에드워드 발로가 반복 타종 장치를 내놓았다.165

1680년이 되자 영국은 측시학 분야에서 독보적인 우위를 차지했다. 그와 동시에 케이스의 형태와 장식에서 명백하게 영국적인 양식이 출현했다. 도저히 착각할 수 없을 만큼 전형적인 영국식이라 이 시계들은 프랑스인들의 구미에 맞지 않는 것으로 드러났다.166

시계의 대량 생산

18세기가 밝아오자 런던과 제네바는 유럽 시계 제조업의 최대 중심지로 우뚝 서게 되었다.167 이 두 중심지의 부상과 더불어 시계 제작 및 상업에서 새로운 원(原)산업적, 원(原)자본주의적 작업 방식이 출현했다. 특히 17세기 전반기 이후 시계 제작이 발달한 지역의 수공업자들은 특정 부품 생산을 전문화하기 시작했다. 태엽 제조공이 최초로 출현한 전문 직공으로 보이며168 다른 전문가들도 곧 뒤를 따랐다.169 18세기 초에 런던 클라컨웰 지구의 여러 거리들은 탈진기 제조공, 선반공, 원뿔형 도르래 절단공, 비밀 태엽 제조공, 마감공 같은 직공들이 차지했다.170 이미 1701년에 회중시계 제작은 분업의 이점을 증명하는 실례로 꼽혔다.171 제네바에서는 두 전문 직공 집단이 시계공 길드와 구분된, 자신들만의 길드를 조직하는 데 성공했다. 그에 따라 조립공들은 1698년에, 조각공들은 1710년에 길드를 조직했다.[172] 이러한 발전은 자연히 다른 직종에도 영향을 미쳤다. 1600년 이전 문헌에서는 오로지 시계만 사고팔았다는 기록을 찾을 수 있지만 이후부터는 시계의 특정 부품을 거래했다는 언급을 자주 만날 수 있다.[173] 그와 동시에 변화된 조건은 실제 수공업자들이 사업의 소매 부문에서 멀어지는 결과를 초래했다.

장인과 직인, 견습생 간의 뚜렷한 구분과 더불어 조합적인 구성은 유지되었지만 이 세 범주 위로 수적으로 적지만 경제적으로 강력한 새로운 집단이 부상했다. 이들은 시계 상인, 즉 장인들에게 물건을 주문하면서 선금을 지불하고, 국내나 해외에서 상품 판매를 주선하는 원자본주의적인 모험사업가 집단이었다. 이 특수한 유형의 집단은 제네바에서 더 완전하게 발달했던 것 같다.[174]

이러한 발전은 18세기를 거치는 동안 완성 단계에 이르렀으며 흔하고 비교적 비싸지 않은 시계의 대량 생산을 가져왔다.[175] 자크 사바리 데 브뤼슬롱은 제네바가 "고급 시계를 얼마간 수출하지만 그보다 훨씬 많은 양의 보통 시계"를 수출한다고 언급했다.[176] 18세기 후반 애덤 스미스는 "지난 세기와 금세기를 거치면서 가격의 하락은 원자재가 비금속卑金屬인 제조업 분야에서 가장 두드러졌다. 더 좋은 회중시계의 기계 부품은 지난 세기 중반에는 2파운드를 줘야 살 수 있었을 테지만 이제는 20실링이면 가능할 것이다."라고 적었다.[177] 그와 동시에 기술 진보는 시계의 정밀성에서 더 큰 향상을 가능하게 했다. 그러나 동전의 뒷면, 즉 경제적 차원과 기술적 차원 양쪽에서 효율성이 커진 대신 대가도 지불해야 했다. 예술적 측면에서 더 조야한 싸구려 느낌이 강해진 것이다.[178] 교환 가능한 부품으로 구성되고 전문화된 직공의 손을 거친 대량 생산 시계는 산업혁명으로 나아가는 길을 주도하고 있었다.[179]

생산 측면에서 일어나고 있던 일의 상당 부분은 수요 측면에서 일어나고 있던 일, 즉 중간계급과 시계를 구입할 여유가 있는 부유한 사람들의 비율이 꾸준하게 증대하는 상황과 엮여 있었다. 수요와 공급 양 측면에서 발전이 결합하여 시계는 더 널리 유포되었다.[180] 이제 사바리 데 브뤼슬롱은 "시계 제작이 (…) 가장 활발하고 이득이 큰 직업 분야 가운데 하나가 되었다."라고 쓸 수 있었다.[181] 따라서 여러 나라에서 이 "직업 분야"에 더 많은 관심을 쏟았던 것은 놀랄 일이 아니다.

시계 산업을 발전시키려는 생각은 18세기 계몽철학자들과 과학자들뿐만 아니라 계몽 군주들의 취향과 성향을 고려할 때도 역시 매력적으로 비쳤다. 18세기 후반에 프로이센 국왕은 베를린에 시계 제작 공장*을 설립하려고 몇 번이나 시도했다. 1767년 바덴의 제후도 같은 것을 시도했다. 시계를 제작하는 시범용 공장이 1784년 벨로루시 두브로프노에 세워졌으며 1792년에 모스크바 근처의 쿠파

---

* 원문은 매뉴팩처(manufacture)로 분업에 기반을 둔 수공업 공장 생산 방식을 뜻한다.

프노로 이전되었다. 같은 시기에 포르투갈 국왕은 리스본에 시계 제작 공장을 설립했다. 기술자이자 발명가인 크리스토퍼 폴렘은 18세기 초에 스웨덴 달레카를리아에 있는 셰른순드에 공장을 갖고 있었다. 볼테르는 1770년대에 프랑스 페르네에 시계 제작 공장을 세웠다.[182] 이런 시도와 기획 들은 서로 다른 운명을 맞았다. 몇몇 경우는 성공했지만 대부분은 실패했다. 가장 흥미롭고 지속적인 발전은 어쨌거나 파리에서 일어났다.

앞선 문단들에서 언급한 대로 파리는 유럽에서 시계 산업의 중심지로 부상한 최초의 도시들 가운데 하나였다. 16세기 후반기에 정치적 혼란과 종교 분쟁은 시계 산업의 발달을 저해했던 것 같다.[183] 그러나 비록 정확한 정보는 부족할지라도, 17세기 전반기에 시계 산업이 여전히 팽창하고 있었다는 사실을 믿을 만한 근거가 있다. 1646년에 시계공들은 길드에 가입할 수 있는 장인의 수를 최대 72명으로 제한할 필요성을 느꼈고[184] 이러한 결정은 파리에서 시계공의 숫자가 늘어나고 있었다는 사실을 가리킨다고 봐도 무방할 것이다. 그러나 17세기 중반부터 상황은 악화되었다. 길드의 규제는 발전을 지연하고 혁신을 저해한 반면 제네바의 경쟁력은 점점 더 강해졌다. 이러한 난관 속에서 낭트 칙령이 폐지되었다. 폐지 조치의 경제적 효과가 이따금 과장되어온 점은 의심의 여지가 없지만[185] 1685년*과 뒤이어 일어난 일들이 시계 산업에 피해를 입히지 않았다고 주장하기는 힘들 것이다. 워런 C. 스코빌 교수는 프랑스를 떠난 위그노들이 전체 경제활동 인구 가운데 매우 적은 비중을 차지했다는 사실을 입증했고 이로부터 이주가 경제적 쇠퇴에 그렇게 큰 관련은 없었을 것이라는 결론을 도출한다.[186] 이러한 주장은 어느 정도는 옳지만 그렇게까지 맞는 소리는 아니다. 이러한 논증은 다수의 수공업자를 구할 수 있는 경제 분야에서는 유효할지도 모르지만 시계 제작은 앞서 본 대로 적은 수의 수공업자들이 꽤 큰 차이를 만들어낼 수 있는 분야였다.[187] 그들의 상대적 중요성이 어느 정도였든지 간에 구속적인 길드의 엄격한 통제, 외국과의 경쟁, 희소한 숙련 인적 자본의 유출이 겹치면서 그 효과는 굉장히 치명적인 것으로 드러났다. 18세기 초에 한 공문서는 프랑스 시계 산업의 열악한 여건을 보고하면서 프랑스에서 런던이나 제네바산 수입 부품이 포함되지 않은 시계는 찾아볼 수 없다는 사실을 지적했다.[188] 바로 그 시점에서 프랑스 정부는 시계 산업의 여건을 개선하기 위한 조치를 강구했다.

역사는 종종 기묘한 방식으로 작동한다. 위에서 언급한 대로 런던 시계 산업의 발달은 대체로 프랑스 수공업자들의 이주 덕분이었다. 18세기 초에 프랑스 시계 산업을 부활시키고자 프랑스 정부는 명성 높은 시계공 헨리 설리 및 영국인 수공업자 60명을 파리로 초대했다. 설리가 베르사유와 생제르맹에 세운 시설들은 확고한 뿌

---

* 루이 14세가 낭트 칙령을 폐지한 해.

리를 내리지 못했고 몇 년 안에 사라졌다. 그러나 프랑스인 자신들이 인식한 대로 비록 이 사업상의 모험은 실패로 돌아갔지만, 그럼에도 불구하고 이 시도는 프랑스 장인들에게 그들이 이전까지 알고 있던 어떤 것보다도 우수한 기술 수준을 선보였다. 설리의 제품들은 "영국을 모방하도록 프랑스 시계공들을 자극했고(excitèrent l'émulation parmi les Horlogers de Paris)"[189] 주로 쥘리앵 르 루아의 주도 아래, 프랑스 시계 산업에 커다란 발전을 가져왔다.

프랑스 시계 산업의 발전은 쉽지 않은 일이었다. 프랑스 시계는 스위스 제품과의 끝없는 경쟁에 시달렸다. 제네바산 염가 제품이 프랑스 시장에 쏟아져 들어왔고 스위스인들은 자신들의 제품을 들이밀기 위해 수단과 방법을 가리지 않았다. 스위스 시계공들은 자신들이 만든 태엽 장치에 이름을 새기지 않아서 때로는 다른 제조업자들에게 팔 수 있었고 그것을 구입한 제조업자들은 거기에 자신들의 이름을 새겼다.[190] 런던산 부품에 대한 요청이 들어오면 스위스인들은 자신들이 만든 제품에 런던 표식을 새기는 일도 주저하지 않았다.[191] 부르앙브레스의 시계공인 카스텔 형제의 말에 따르면, 스위스인들은 모종의 뇌물을 통해 파리에서 "생제르맹 수도원 및 시계공들에게 자기네 제품을 공급하는 특전을 보유한 곳들에서 회중시계와 시계 장치의 재고를 지속적으로 유지하는 데 성공했다."[192] 18세기 중반 직후에 벨리아르는 "스위스 회중시계 산업이 우리 제작 공장을 붕괴시키고 있다."라고 말하며 안타까워했고[193]

카스텔 형제는 "제네바에서 들어오는 시계 제품 때문에 적지 않은 돈이 매년 우리나라에서 빠져나간다."라고 덧붙였다.[194]

그러나 이러한 어려움과 여타 난관들은 프랑스 산업의 재기를 막지 못했다. 1550년부터 1750년까지 두 세기 동안의 프랑스 경제사는 경제사가와 사회사가들에게 흥미를 자아내는 수수께끼이다. 멀리 떨어진 관찰자에게 프랑스는 언제나 최후의 붕괴 직전처럼 보였고 모든 가능성을 따져봐도 회복이 전적으로 불가능한 것 같았다. 하지만 프랑스는 마치 전설의 불사조처럼, 자신이 저지른 일들로 몽땅 불타버린 후에도 잿더미 속에서 젊고 팔팔한 모습으로 다시 날아올랐다. 틀림없이 엄청난 양의 왕성한 인간 에너지가 어지러운 표면 아래서 쉼 없이 끓어오르고 있었을 것이다. 시계 제작이라는 협소한 분야에서 18세기의 1분기 이후 프랑스 시계 산업은 꾸준히 성장했다. 18세기가 끝나기 전에 파리가 런던, 제네바와 더불어 전 세계 시계 산업의 세 중심지 가운데 하나가 되었다는 점은 의심의 여지가 없다. 1770년대가 되자 한 이탈리아 작가는 "영국 수공업자들은 아름답고 정밀한 제품으로 유럽에서 크나큰 명성을 얻었다. (…) 그러나 요즘은 파리의 시계공들이 아름답고 단정한 제품으로 영국인들을 능가한다."라고 적었다.[195] 1780년대가 되자 파리에는 시계 장인이 4백 명 넘게 있었던 것 같다.[196] 프랑스 시계는 런던에서 팔렸다.[197] 그러나 18세기 말까지 유능한 상업 조직은 런던과 제네바의 제품을 훨씬 선호했고 두 나라의 제품은 국제시장을 대체로 지배했다.¹⁹⁸ 18세기 말로 가면서 런던은 연간 평균 8만 점의 수출용 시계와 1만 5천 점의 내수용 시계를 생산했다.¹⁹⁹ 제네바는 아마도 평균 7만 점이나 8만 점의 시계를 생산한 것 같은데 물론 거의 다 수출되었다.²⁰⁰ 1477년의 화의* 후에 메메드 2세는 베네치아에 시계공을 보내달라고 요구했다. 당시 극소수의 오스만인만이 기계식 시계의 존재를 알고 있었다. 그러나 시간이 지나면서 유럽 시계에 대한 애호는 궁정으로부터 오스만의 더 넓은 사회계층까지 서서히 침투했다. 반면 서양에서는 위에서 본 대로 이탈리아인과 남부 독일인이 영국인과 스위스인에게 측시학 분야에서 주도권을 상실했다. 18세기 말이 되자 영국과 스위스의 제품들은 오스만 시장을 지배했고 제임스 댈러웨이가 기록했듯이 "레반트** 시장에 공급된 영국 시계들은 오스만인이 첫 번째로 구입하는 사치품 가운데 하나"였다.²⁰¹

그때가 되자 영국과 스위스의 시계는 중동뿐만 아니라 먼 중국에서까지 인기를 끌었다.

---

* 메메드 2세의 콘스탄티노플 정복(1453년) 이후 베네치아와 오스만 제국 사이에 맺은 평화협정.

** 레반트Levant 그리스와 이집트 사이에 있는 동지중해 연안 지역을 통틀어 이르는 말.

| 2장 |

중국,
시계와 조우하다

가진 게 '은'밖에 없었던 유럽

"냉소주의자라면 포르투갈인들을 동양으로 데려간 것은 기독교도*
와 향신료일지 몰라도 그들을 거기에 붙잡아둔 것은 향신료라고 생
각할 것이다."[1] 찰스 R. 박서 교수의 이 발언은 에스파냐인과 네덜
란드인, 덴마크인, 영국인, 스웨덴인을 해외로 나가게 하고 또 그들
을 거기에 붙잡아둔 동기에도 똑같이 적용된다. 선교사들을 제외한
유럽인들은 오로지 무역을 하고자 동양으로 갔고 18세기 말까지는
해외 영토의 정복이 합리적 가능성의 영역 밖이라는 사실을 알 만큼

---

*당시 유럽인들은 동방에 기독교도 왕 프레스터 존(Prester John)이 다스리는 왕국이 있다
는 전설을 믿었다.

충분히 생각이 있었다. 소수의 예외를 제외하고, 유럽인들은 언제나 교역 활동을 위해 수출입항으로 이용할 섬과 항구만 정복하려 했다. 자신들의 기술적, 군사적 우위가 대포를 탑재한 원양 범선에 있다는 사실을 알았기 때문에 유럽인들은 거의 3세기 동안 제해권을 대해大海로 국한하는 데 만족했다.[2]

처음으로 극동에 도달했을 때 유럽인들은 주로 향신료에 관심이 있었지만 다른 여러 상품, 즉 일본산 구리, 인도산 면직물, 페르시아의 비단과 카펫, 중국산 도자기, (17세기 말부터는) 중국산 차茶도 이윤을 얻을 수 있는 훌륭한 기회를 제공한다는 사실을 금방 알아차렸다. 그러나 무역의 주요 장애물은 동양의 산물과 교환할 때 내놓을 상품이 자신들에게 거의 없다는 점이었다. 우리는 산업혁명 이후 기술과 과학에서 서양의 우위를 너무도 당연하게 여긴 나머지, 동양은 내놓을 원자재와 상품이 많았던 반면 서양은 아시아 사람들의 구미에 맞는 상품을 거의 내놓지 못했던 상황을 쉽게 상상하지 못한다. 그러나 이것이 정확히 16세기와 17세기, 18세기에 걸쳐 지배적인 양상이었다.

대포를 탑재한 원양 범선으로 유럽인들은 대해의 주인이 되어 이슬람의 해운과 교역 대부분을 파괴하고 아시아 내 무역의 상당 부분을 차지할 수 있었다. 일본의 은을 중국에, 일본의 구리를 중국과 인도에, 향신료 제도의 정향을 인도와 중국에, 인도산 면직물을 동남아시아에, 페르시아산 카펫을 인도에 가져옴으로써 유럽인들은 해운과 상업 활동에서 만족스러운 이윤과 수익을 얻었다. 이것으로 유럽에 수입되는 아시아의 생산물 일부에 대금을 지불했다. 그러나 수익은 충분하지 않았고 그보다 훨씬 많은 양의 아시아 수입품에 대해서는 유럽에서 아시아로 대규모의 정금을 이전하는 방식으로 지불할 수밖에 없었다. 대량의 은이 레알화, 즉 세비야에서 주조된 에스파냐 은화나 멕시코 달러, 이탈리아와 독일에서 주조된 은화, 프랑스 크라운화, 네덜란드 릭스달러 은화 형태로 매년 아시아의 수중에 들어갔다. 유럽과 아메리카 사이의 무역 흑자 덕분에 유럽인들은 은을 풍부하게 구할 수 있었다. 에스파냐의 아메리카 식민지와 극동 사이에 필리핀을 통해 비교적 제한된 형태로 직접적인 교역이 이뤄지고 있었다. 하지만 이 경우를 제외한다면[3] 이 시기 세계 무역은 본질적으로 아메리카에서 동쪽의 유럽으로, 그곳에서 다시 동쪽의 아시아로 다량의 은이 유출되고 그 반대 방향으로는 다량의 상품이 이동하는 것이었다고 말해도 무방하다. 아시아의 상품은 유럽으로 갔고 유럽의 상품은 아메리카로 갔다.

유럽과 아시아 사이의 무역 수지 불균형은 물리적인 의미에서도 눈에 확 들어왔다. 판 린스호턴 같은 사람들은 동인도회사 무역선이 "출항할 때는 포도주와 기름을 담은 통과 소량의 상품만 싣고 가는데 회사의 바닥짐과 식량을 제외하면 다른 화물은 없어서 배가 가볍지만, 바닥짐 가운데 가장 많은 양의 물건은 대개 인도로 보내지는 레알 은화"라는 사실을 눈치챘다.[4] 16세기 말에 한 피렌체 상인은 포르투갈과 에스파냐만 해서 중국으로 "매년 150만 에스쿠도가 넘는" 은화를 가져간다고 보고했다.[5] 이러한 추산이 얼마나 신빙성이 있는지는 짐작할 수 없지만 17세기와 18세기에는 더 정확하고 더 많은 수치를 얻을 수 있으며 그 숫자들은 은이 아시아를 상대로 한 유럽의 주 수출 품목이었음을 일관되게 증명한다.[6]

이러한 상황은 유럽에 적지 않은 우려를 불러일으켰으며 열띤 논쟁과 더불어 이 주제에 관한 저술도 무수히 출판되었다. 영국과 프랑스에서는 동인도 무역을 하는 회사들이 심하게 공격을 받아, 자신들의 이기적인 이해관계를 공익보다 우선시하고 국력과 국부를 희생시킨 대가로 번창한다는 비난을 받았다.[7] 더 실질적인 차원에서는 이러한 무역 불균형을 개선하기 위한 시도가 끝없이 이루어졌다. 영국 정부는 동인도 무역선마다 적어도 화물의 십분의 일은 "영국에서 생산하거나 제조한 물품"으로 채워져야 한다고 규정했다.[8] 동인도회사는 추운 기후가 "우리 모직 제품의 판로를 여는 데 상당히" 유리하리라 기대하며 "난징 시"와 중국 북부의 다른 도시들의 "무역에 개입할" 생각할 수 있는 모든 가능성을 모색했다.[9] 그러나 이 모든 노력은 실패로 끝났다. 유럽 상인들은 회화와 예술품을 수출할 가능성까지 타진해봤지만 서양 미술은 종교적 소재와 연관성이 굉장히 큰 반면, 리처드 코크가 일본에서 쓴 대로 아시아 민족들은 성경의 장면에 관심이 없었다. "그들은 그러한 화려한 그림보다는 말이나 배, 새가 그려진 그림을 더 높이 쳤다. 성 베드로의 개종을 그린 훌륭한 그림에는 아무도 땡전 한 푼 지불하지 않을 것이다." 암스테르담 상회는 성모마리아 판화와 다른 종교화를 팔려고 시도했다가 실패한 후 "사람들에게 더 일반적으로 호소하는 그림, 누드화와 다소 점잖지 못한 삽화"[10]가 있는 판화를 시도해보았으나 이처럼 기발한 시도도 주목할 만한 성과를 거두지 못했다. 1701년 무렵 동인도회사 이사회는 런던의 법정에 편지를 썼다. "우리는 귀하께 이 지역(중국)으로 무엇을 보내라고 충고해드려야 할지 모르겠습니다. 이곳 주민들은 은과 납만 좋아합니다. 그리고 아마도 귀하의 나머지 화물들이 배 밖으로 내던져진다 해도 회송 화물 물량은 그리 줄어들지 않을 것입니다."[11]

서양인들에게 서양 상품에 대한 동양의 낮은 수요는 심각한 문제였다. 하지만 그보다 더 우려스러운 것은 아시아의 제품들이 주요 경제 부문에 걸쳐 유럽 시장에서 유럽의 상품과 성공적으로 경쟁한다는 사실이었다. 브리스톨의 상인이었던 존 캐리가 표현한 대로 "동인도 무역은 우리에게 매우 해로운데 우리의 정금을 수출할 뿐 우리의 상품이나 제품은 거의 수출하지 않으면서 완벽하게 제조된 상품을 수입해와 우리 제품의 소비를 저해하기 때문이다."[12] 동인도의 비단과 광목이 영국으로 수입되어 영국 직물업에 어려움을 야기했다는 이야기는 너무 잘 알려져 있으므로 여기서 거론할 필요도 없다. 영국으로서는, 인도의 리카도가 등장해 비교우위의 법칙을 들어 영국인들은 모두 양치기로 전환하고 필요한 직물은 인도에서 전부

수입하는 것이 이득이라고 영국인들을 설득하지 않은 것이 다행이었다. 그 대신 영국은 인도산 직물의 수입을 금지하는 일련의 법령을 통과시켰고 얼마간 "좋은 결과"를 얻었다.[13]

프랑스 동인도회사가 중국에서 수입해온 비단 및 직물과 관련해서 프랑스에서도 유사한 감정과 반응이 일었다. 흥미롭게도 위대한 "중상주의자" 콜베르는 보호 조치를 요청하는 프랑스 제조업자들의 청원을 받아들이지 않았다. 하지만 그의 후계자들은 받아들여서 1686년부터 법령이 수차례 제정되어 아시아산 직물의 수입을 일체 금지했다.[14] 1717년과 1718년에는 에스파냐에서도 아시아산 견직물의 수입을 금지하는 법령이 통과되었다.[15]

자명종으로 황실의 문을 열다

앞서 말했듯이 유럽의 제품 대부분은 아시아 민족들의 관심을 끌거나 동양이 만든 유사한 제품과 경쟁하지 못했다. 그러나 극소수의 예외가 있었으니 기계식 시계가 그중 하나였다.

마테오 리치 신부가 적은 대로 중국에서 사용되는 측시기는 "물이나 불로 작동하는 방식인데, 불로 작동하는 시계에서 시간은 일정한 양의 냄새 나는 재*로 측정되었다. 그 밖에도 중국인들은 모래와 함께 돌아가도록 제작된 바퀴가 달린 시계도 만든다. 그러나 그러한 기구들은 매우 부정확하다. 해시계는 적도 해시계**만 있고 그들은 시계가 있는 위치[즉, 위도]에 따라 조정하는 법을 잘 모른다."16

마카오로부터 들려온 기계식 시계에 대한 소문은 중국인 측에도 도달했다. "스스로 울리는 종自鳴鐘"이라는 생각은 중국인들의 호기심을 크게 자극했고 예수회원들은 이러한 관심을 중국에 파고드는 기회로 삼았다. 리치 신부 본인이 이 이야기를 기술한 대로, 1582년 "양광*** 총독은 푸젠 성 출신의 진서라는 자였다. 그는 유능하나 돈을 밝혔다." 마카오의 예수회원들은 그에게 약삭빠르게 접근하여 "자동적으로 시간을 알리는 종을 치는 시계와 중국에서 여태 본 적이 없는 매우 아름다운 예술품"을 포함하여 약간의 선물을 바치고 싶다는 의사를 넌지시 내비쳤다. 이에 예수회 신부들은 총독에게 가서 "시계, 오색찬란한 베네치아산 삼각 프리즘, 그 밖의 다른 물건들을 선물로 바쳤다. 총독은 선물에 무척 흡족해했고 신부들에게 천녕사天寧寺라는, 우상이 모셔진 사당에 거처를 마련해주었는데 그의 관저에서 그리 멀지 않은 곳이었다. 신부들은 몇몇 지방관들과 지역 유지들을 맞아 대접하며 (…) 넉 달이나 다섯 달을 그곳에

---

* '냄새 나는 재'는 향(香)을 뜻한다.

** 적도 해시계 equinoctial clock 눈금판이 적도면과 평행하도록 설치된 해시계.

*** 양광兩廣 광둥(廣東) 성과 광시(廣西) 성을 합친 행정구역.

서 지냈다."¹⁷ 그들이 이러한 용인이 영구적인 인가로 이어질지도 모른다는 희망을 품기 시작했을 때 예기치 못한 난관이 등장했다. 어째서인지 총독이 자리에서 물러나게 된 것이다. 예수회 신부들의 존재가 후계자에게 탐탁지 않을 수도 있다는 사실을 깨달은 그는 신부들에게 그곳에서 떠날 것을 요청했다. 예수회원들은 한 달간의 "간난신고" 끝에 "깊은 슬픔"에 사로잡혀 마카오로 돌아왔지만 마카오로 귀환하고 일주일도 채 지나지 않아서 자오칭의 지부*가 보낸 사자가 찾아왔다. 새 총독의 공식 허락과 함께 지부는 신부들을 자오칭으로 돌아오도록 초대했고 집을 지을 수 있도록 나라의 땅을 얼마간 하사했다. "새로운 신앙의 출현이 중국인들에게 의혹을 불러일으키지 않도록 신부들은 종교적 문제에 관해서는 드러내놓고 이야기하지 않았다. 그들은 예를 갖춰 방문객을 맞이하고, 그 나라의 말과 글, 그곳 사람들의 풍습을 익히면서 시간을 보냈다. 그들은 설교를 하는 대신 모범을 보여 가르쳤다. 그들은 소매가 매우 풍성한 긴 외투를 걸쳐 그곳의 사대부처럼 갖춰 입었는데 이러한 외양은 중국인들에게 매우 호의적인 인상을 심어주었다."¹⁸

언제나 비위를 맞춰줄 용의가 있는 신부들은 중국인에게 도움이 되고 너그럽게 베풀 수 있는 가능한 모든 기회를 이용했다. 1583년 12월에 신부들 가운데 한 명이 마카오에 거주하는 유럽인

---

* **지부**知府 성의 하부 행정 구역인 부(府)의 수장.

공동체로부터 선교 사업에 대한 재정적 지원을 얻기 위해 마카오로 돌아갔다. 자오칭의 지부는 신부들에게 마카오에서 팔리는 "스스로 울리는 종"을 손에 넣기를 애타게 바라며 필요한 돈을 얼마든지 지불한 용의가 있음을 넌지시 알렸다. 예수회원들은 마카오에서 팔려고 내놓은 시계를 구할 수 없었지만 유럽인들로부터 시계 만드는 법을 배운 "피부색이 매우 검은" 인도인 대장장이를 발견했다. 이 대장장이가 시계 대신에 자오칭으로 파견되었고 지부는 이러한 호의의 표시에 무척 감동받았다. 그 도시에서 가장 뛰어난 대장장이 두 명이 인도인 시계공을 돕도록 배정되었고 크게 고생한 끝에 마침내 자오칭 지부 왕반을 위한 시계가 선교원에서 완성되었다.[19]

시계는 예수회원들이 베이징의 궁성 문을 열 때도 활약했다. 소문에 따르면 예수회원들은 예를 갖춰 조정에 나가 황제에게 시계 두 점과 다른 공물을 몇 점 바치고 싶다고 간청했다. 시계 가운데 하나는 쇠로 만들어졌고, 도금된 용과 독수리 및 기타 형상들로 화려하게 장식된 대형 시계였다. 나머지 하나는 도금을 한 청동으로 만들어졌고, 태엽으로 돌아가는 작은 시계였다. 둘 다 종을 치는 장치가 내장되어 있었다.[20]

의심스러운 눈초리를 보내는 관리들과 악의적인 환관들은 선교사들에게 온갖 난관을 야기했다. 한번은 리치 신부와 동료들이 한겨울에 요새의 죄수로 갇혔던 적도 있다. 당시 그들이 베이징에 이를 가망성은 매우 희박했고 처형될 가능성은 놀랄 만한 속도로 커지고 있었다. 더는 이성적인 희망을 품을 여지가 없던 바로 그 순간 뜻밖에도 사태가 반전되었다. 신부들은 신의 섭리가 "곳곳에서 선교 사업의 성공을 기원하며 천국을 뒤흔든 많은 사람들의 기도에 응답"해 자신들을 도운 것이라고 확신했다. 이때는 서양에서 우주가 거대한 시계태엽 장치로, 신은 뛰어난 시계공으로 간주되던 시대였다. 아마 그래서 신의 섭리가 사태의 흐름을 바꾸고자 시계를 선택했는지도 모른다.[21] 어쨌거나 리치 신부의 이야기를 더 들어보자.

어느 날 황제는 자명종을 바치게 해달라는 외국인들의 상주문을 보았던 것을 문득 기억해냈다. 따라서 그는 "이 외국인들은 어째서 내게 와서 자명종을 바치지 않는가?"라고 물었다. 항상 황제를 수행하는 환관이 "폐하께서 상주문에 배서하지 않으신다면 외국인들이 폐하의 허락도 없이 어찌 감히 조정에 나올 수 있겠습니까?"라고 대답했다. 그러자 황제는 그 문건에 배서하고 외국인들을 불러들였다. (…) 신부들은 음력 섣달 그믐날에, 즉 1601년 1월 24일에 베이징에 도착했다. 그들은 베이징에 도착하자마자 자금성 성문 바로 바깥, 환관들이 기거하는 궁궐에 거처를 잡은 후 공물을 준비하고 공물 목록을 작성했다. 이튿날 공물은 적잖은 행사와 흥분 속에서 황궁으로 들어갔다. (…) 그러나 커다란 시계는 정시가 되어도 울지 않았고 따라서 황제는 신부들을 불러들이라는 명을 내렸다. 명령이 하달되고 그들은 서둘러 왔다. (…) 신부들은 큰 시계가 놓여 있는 안뜰의 두 번째 문으로 인도되었고 많은 사람들이 그곳에 모여 있었다. 황제는 전이경이라는 태감을 신부들에게 보냈고 태감은 그들을 정중하게 맞아들였다. 그는 신부들에게 여러 가지 질문을 했고 그들이 황제에게 공물을 바치는 목적이 무엇인지 알고 싶어 했다. 그는 신부들이 벼슬자리를 바라지 않으며 세속의 재물에는 관심이 없이 오로지 신을 섬기는 사람들이라는 사실을 알고 크게 기뻐했다. 그는 시계가 종을 치거나 시곗바늘로 숫자를 가리켜서 밤낮으로 시간을 가르쳐준다는 말을 들었다. 신부들은 시계를 맞춰야 한다는 것을 설명하고 이삼일이면 누구에게든 필수적인 사용법을 가르쳐줄 수 있다고 말했다. 태감은 이 모든 이야기를 황제에게 낱낱이 고했고 황제는 스무 명에서 서른 명가량의 환관들로 구성된 궁궐 내 수학자 학교* 소속의 네 명의 환관에게 시계와 관련한 임무를 맡겼다. 네 환관은 사흘 안에 시계를 맞추는 법을 배워서 황제의 처소로 가져와야 했다. 따라서 신부들은 사흘 동안 수학자들의 거처에 머물며 밤낮으로 네 명의 수학자에게 시계 다루는 법을 가르쳤다. 그들은 언제나 정중한 대접을 받았으며 마당 태감과 그의 동료들은 모든 비용을 댔다. 그가 신부들로부터 귀중한 선물을 많이 받았다는 소문이 돌았으나

---

* 흠천감(欽天監)을 의미한다. 명나라와 청나라 때 천문 관측, 역수(曆數)의 결정 등을 담당했다.

이는 사실이 아니며 마당은 황제에게 가까운 환관들의 입을 막기 위해 많은 돈을 뿌려야 했다.

네 수학자는 시계와 관련한 모든 사항을 매우 열심히 배웠다. 실제로 그들은 들은 내용을 모두 받아 적었는데 아무리 사소한 사항이라도 기억하지 못했다간 목이 달아날 수도 있었기 때문이다. 황제는 자그마한 잘못에도 이 가련한 인간들에게 죽을 때까지 곤장을 치도록 하거나 다른 방식으로 사형에 처한다. 그들의 첫 번째 관심사는 큰 톱니바퀴와 작은 톱니바퀴, 태엽 감개 등 시계의 각 부위의 중국어 명칭을 아는 것이었고 신부들은 중국어 명칭을 직접 만들어내어 말과 글로 가르쳐주었다. (…) 말미로 준 사흘이 지나자마자 황제는 시계를 대령하라고 명령했다. 시계는 황급히 황제 앞에 놓였고 시계가 무척 마음에 든 황제는 네 환관을 승진시켜 그들은 더 큰 권력과 봉록을 누릴 수 있게 되었다. 환관들은 기뻐했는데 그 가운데 두 명은 황제가 한시도 자기 곁에서 떼지 않는 작은 시계의 태엽을 감기 위해 매일 황제의 처소에 출입할 수 있게 되었기 때문에 특히 기뻐했다. (…)

황궁에는 큰 시계의 추를 낮게 드리워 톱니바퀴가 돌아갈 수 있도록 세워둘 곳이 마땅치 않았다. 그래서 이듬해에 황제는 그 시계를 공부工部로 보내 신부들이 그린 설계도에 따라 적절한 목탑을 만들라는 명령을 내렸다. 이 탑에는 계단과 창문, 발코니가 있었으며 정말이지, 굉장히 아름답다. 이 시계탑은 참으로 황실의 위엄에도 걸맞았으며 1천 3백 두카트가 소요되었다. 어명에 따라 시계탑은 황궁의 두 번째 성벽 바깥, 황제의 정원 안에 세워졌는데 그곳은 황제가 휴식을 취하기 위해 자주 들르는 곳으로 황제가 소중히 여기는 다른 것들도 많이 있었다.[22]

"스스로 울리는 종"에 대한 천자들의 애착은 결코 사그라지지 않았다. 17세기와 18세기 내내 시계와 자동 장치, 그리고 그와 비슷한 아름답고 신기한 장치들이 끊임없이 베이징의 황궁으로 흘러들어갔다. 강희제(1662~1722년 재위)는 황궁에 크고 작은 시계를 만드는 제작소를 차리기까지 했고[23] 특유의 유연성을 보인 예수회원들은 예수회에서 전문 시계공을 선발해 중국 선교단에 포함시켰다. 1707년, 스위스 출신의 뛰어난 시계공인 프랑수아루이 스타들랭 신부는[24] 황궁의 시계 공방의 설립과 운영을 지원하도록 베이징으로 파견되었고, 황제가 예수회 선교단을 금지할 때까지 베이징에는 황제의 시계 소장품과 공방을 관리하는 예수회원이 항상 머물렀다. 1730년대에 발랑탱 샤를리에 신부는 다음과 같이 썼다.[25] "황궁은 진자시계와 (…) 회중시계, 카리용, 반복 타종 시계, 오르간, 천구의, 각양각색의 천문 시계로 가득하다. 파리와 런던의 최고의 장인들이 만든 시계가 4천 점 넘게 있으며 그 가운데 많은 것들이 수선이나 청소를 위해 내 손을 거쳤다. 나는 이제 유럽의 어느 시계공 못지않게 시계에 관한 이론을 잘 알고 있는데 아마 나만큼 경험이 풍부한 시계공도 별로 없으리라 확신한다."²⁶ 샤를리에 신부에 따르면 1730년대와 1740년대에 그가 황제의 시계 소장품과 공방을 감독하는 동안 대략 백 명의 중국인이 그 아래서 일했다.²⁷

강희제는 청조에서는 드물게도 유럽의 예술과 과학에 열렬히 감탄한 사람이었지만, 서양에 전혀 호감을 느끼지 않거나 서양 과학 기술에 경도되지 않은 황제들도 황실 소장품을 보존하고 풍성하게 하는 일에서만큼은 사적인 감정을 잠시 접어두었다. 사이먼 하코트 스미스는 1860년의 원명원* 약탈, 1900년과 20세기 초반 혼란기의 자금성 약탈에서 훼손되고 남은 소장품들을 연구했다. 심지어 그렇게 약탈을 당하고 난 뒤에도 하코트스미스가 다음과 같이 쓸 정도로 충분한 증거가 남아 있었다. "베이징과 원명원, 열하의 황궁에서는 시간의 흐름이 에나멜을 씌운 새의 날갯짓과 유리 분수에서 솟구치는 물줄기, 납유리로 만들어진 별로 표시되었다. 동시에 기계 안에서 돌아가는 보이지 않는 수천 개의 오케스트라로부터 런던의 가보트와 미뉴에트가 흘러나와 중국의 공기 속으로 기묘하게 울려 퍼졌다."²⁸

---

* 원명원圓明園 청나라 때 베이징 교외에 건설한 황실의 정원. 바로크식 건축물과 갖가지 분수로 유명했다.

장난감으로 전락한 시계

"스스로 울리는 종"에 대한 관심은 중국 사회 상류층에만 국한되지 않았다. 서민들도 이 새로운 기계 장치를 보고는 놀라움과 찬탄을 금치 못했다. 자오칭의 예수회의 집에서 리치 신부와 동료들은 종을 치는 대형 공공 시계를 설치했고 그 시계는 호기심을 느낀 할 일 없는 많은 사람들을 어김없이 불러 모았다.[29] 베이징에서도 예수회원들이 원통으로 작동하는 카리용을 만들었는데 이것 역시 주민들에게 신나는 경험을 선사했다.[30]

색다르고 진기한 물건이 사람들의 호기심과 경탄을 자아내는데 딱히 대수로울 것은 없다. 그러나 중국인들은 외국인과 외국의 물건에 대해 좀처럼 찬탄을 보내지 않았다는 사실을 기억해야 한다. 그들은 사실 중국 것이 아닌 것은 거의 거들떠보지 않았다. 중국 문화는 언제나 시간과 천문학에 깊은 관심을 보여 왔으므로 교양 있는 중국인들이 서양의 기계식 시계에 홀딱 빠진 것은 이러한 사실과 관련이 있을 수도 있다. 그러나 내가 잘못 안 것이 아니라면 16세기와 17세기, 18세기의 중국인들은 서양 시계와 천문학의 관련성을 강조하지 않았다.[31] 본질적으로 그들은 서양 시계를 장난감으로, 오로지 장난감으로만 보았다. "스스로 울리는 시계"에 대한 그들의 태도에는 아르키메데스와 헤론의 기발한 장치들이 고대 그리스인과 로마인 사이에서 불러일으킨 것과 동일한 종류의 느낌이 감지된다.[32]

16세기 말에 피렌체 상인 프란체스코 카를레티는 중국인들이 유럽의 어떤 물건에도 관심이 없지만 "온갖 종류의 렌즈만은, 특히 형형색색의 렌즈만은 구입한다."는 사실을 알아차렸다. "그러나 무엇보다도 중국인들은 야외에서 허공에 대고 안을 들여다보면 오색 향연이 펼쳐지고 거울에 비친 여러 모습을 볼 수 있는 삼각 프리즘을 귀하게 쳤다. 이런 것은 5백 두카트까지 나갔다. 프리즘을 처음 구경한 사람들이 얼마나 감탄했는지 그들은 프리즘을 입에 침이 마르도록 칭찬했고 프리즘을 통해 보이는 것은 천상의 모습이라고 말했다."[33] 유럽인들이 렌즈를 가지고 현미경과 망원경, 안경을 만들어내고 있는 동안 중국인들은 렌즈를 멋진 장난감으로 사용했다. 시계도 마찬가지였다. 렌즈와 시계, 여타 기기들은 유럽 사회가 느끼던 특정한 필요를 만족시키기 위해 개발되었고 그 필요는 다시 유럽이 자신의 사회문화적 환경이 제기하는 문제에 대응하는 과정에서 생겨난 것이었다. 그러나 중국에서 이 기계 장치들은 난데없이 나타난 것이었고 너무나 당연하게도 중국인들은 그것을 그저 재미나고 특이한 물건으로 대했다.

중국의 지식인들은 예술과 철학은 배웠지만 과학은 배우지 않았다. 리치 신부가 언급한 대로 "학문 분야에서 명성을 떨치려는 사람 어느 누구도 수학이나 의학에서 실력을 쌓으려고 하지 않는다."[34] 도시 생활은 나라의 전반적인 분위기를 주도하지 않았다. 본질적으로 문인 상류층과, 장명린 박사가 표현한 대로 "붓이나 시가 아니라 날과 달로 시간을 헤아리는"³⁵ 다수의 농민으로 구성된 사회에서 시계는 유용하고 실용적인 장치로 활약한 기회가 거의 없었다. 그런 일이 일어나려면 사회의 전면적 변화가 일어나야, 다시 말해 사회의 구조와 필요가 싹 바뀌어야 했다. 기계는 환경과 다른 인간들이 제기하는 문제에 대처하는 방식으로서만 실천적인 의미를 얻는다. 예를 들어, 중국인들은 관개 사업과 연관된 기계의 유용성은 이해할 수 있었지만 다른 서양 발명품의 목적은 이해할 수 없었다.³⁶ 18세기 말에도 『사고전서회요四庫全書薈要』의 편찬자들은 다음과 같이 적었다. "서양 학문과 관련하여 토지 측량술이 가장 중요하며 그다음이 신기한 기계를 만드는 기술이다. 이 신기한 기계 중에 관개와 관련한 것이 백성들에게 가장 유용하다. 다른 기계들은 모두 오감의 즐거움을 위해 만들어진, 정교한 노리개에 불과하다. 그것들은 기본적 필요를 충족하지 않는다."³⁷

중국 경제와 사회는 포르투갈인들이 도착한 후 몇 세기 동안 실질적으로 크게 바뀌지 않았고 중국에서 시계는 여러 세기 동안 신기한 장난감으로 남았다. 1769년 장 마티외 드 방타봉 신부(1733~1787년)는 이렇게 썼다. "나는 황제에 의해 시계공으로 임명되었지만 이곳에서 나는 시계공이라기보다는 기계공이라고 해야 할 것이다. 황제는 내게 진짜 시계보다는 신기한 기계와 자동 장치를 만들어내기를 기대하기 때문이다."³⁸ 18세기 말에 베이징에서 네덜란드 사절단을 이끌었던 판 브람은 관리들 가운데 지위가 가장 높은 사람이 하루는 "자신이 가져온 네모나고 평범한 병"을 보여주었다고 적었다. "그 안에는 고운 모래로 돌아가는 나무 방아가 들어 있었다. 병 꼭대기에 있는 일종의 깔때기를 통과해 고운 모래가 떨어지고, 바퀴에는 국자가 달린 여러 개의 판이 있어서 돌아갔다. 한마디로 그것은 유럽의 시장에서 수천 가지 형태로 고작 몇 푼에 팔리는 장난감이었다. 그는 나에게 이런 기계를 알고 있는지 물어보았다. 나는 그에게 그러한 것을 아주 많이 보았고 그보다 외관이 훨씬 멋진 기계도 보았다고 대답했다. 그러자 그는 내게 왜 그와 같은 것을 가져오지 않았냐고 물었다. 나는 우리나라에서 그것들은 아이들의 놀이에서만 쓰이기 때문에 그런 것이 이곳 사람들에게 즐거움을 주거나 주의를 끌 것이라고는 조금도 짐작하지 못했다고 답변했다. 그는 우리에게 그렇지 않다는 것을 가르쳐주었고 자신이 대단히 경이로운 것을 갖고 있는 사람처럼 이야기했다."39 판 브람의 비서인 드 기뉴는 똑같은 일화를 들려주고 "베이징으로는 특히 유럽의 소년들이 갖고 노는 장난감을 가지고 와야 한다. 그러한 물건들은 이곳에서 과학 기구나 예술품보다 훨씬 더 큰 관심을 받을 것이다. (…) 중국인들이 광둥에서 기계를 큰돈을 주고 살 때는 원래 제작된 용도로 사용하기보다는 장난감으로 갖고 놀고 즐기기 위해 사는 것이다."라고 덧붙였다.40 몇 년 후 클라크 에이블은 "중국에서 [영국] 사절단이 지나간 곳마다 시계는 가장 큰 호기심을 불러일으키는 미술품으로 간주되었다. 사절단의 수행원들은 시계를 달라는 끝없는 요청에 시달렸다. 그러나 중국인들이 그것을 시간을 측정하는 기기로 귀히 여기는 것인지 단순히 신기한 장식품으로 여기는 것인지는 잘 모르겠다."라고 적었다.[41]

유럽산 저가 시계의 보급

예부터 내려오는 믿음에 따르면 1550년에 성 프란치스코 사비에르는 야마구치의 성주인 오우치 요시타카에게 시계를 선물했다고 한다. 이것은 유럽인이 만든 기계식 시계가 일본에 전달된 첫 사례로 여겨진다. 약 40년 후에는 도요토미 히데요시(1537~1598년)가 다른 선교사로부터 교토에서 시계를 선물 받았다는 기록이 있다. 또 다른 선교사 역시 1581년에 마드리드에서 제작된 시계를 도쿠가와 이에야스(1543~1616년)에게 선물했다.[42]

중국과 일본에서 유럽 상인들은 선교사들의 실례를 금방 본받아, 무역 허가와 상업적 특권을 얻고자 유력 인사에게 값비싼 시계를 바쳤다. 유럽에서 아시아로 사절단을 파견할 때면 뛰어난 솜씨와 기술로 만들어진 시계가 아시아의 통치자들에게 바치는 선물 가운데 흔히 포함되었다.[43] 특히 관료제가 권력 남용이 쉬운 여건을 제공하고 관리와 환관 들이 때로 뇌물로 매수될 수 있는 중국에서 시계는 흔히 선물로 이용되었다.[44] 영향력이 있는 인사에게 시계를 선물하지 않으면 유럽인들은 적잖은 어려움을 겪을 수도 있었다. 리치 신부는 1596년에 자오칭의 한 판관이 "신부들이 기계식 시계를 빌려주거나 주려고 하지 않았기 때문에 신부들에게 크게 화가 나 자신의 권력을 이용해 앙갚음을 하는 짓도 서슴지 않았다. (…) 그는 선교회의 하인 두 명을 불러다 잔인하게 매질을 했다."라고 적었다.[45] 18세기 말에 존 배로는 선교사들이 "특별히 황제 주변에 있는 사람〔환관〕들에게 때로는 값비싼 선물을 자주 하는 것이 필수적이라는 사실을 깨달았다."라고 이야기했다. "이 신사 분들〔선교사들〕 가운데 누구든 시계나 코담뱃갑 혹은 다른 자그마한 장식품을 지니고 있고, 환관이 생색을 내며 그 물건이 좋다고 칭찬하면 도저히 다른 방도가 없다. 선교사는 암시를 알아차리고 환관에게 선물을 받아달라고 간청한다. 우정을 유지할 수 있는 유일한 길은 자신의 소유물을 그와 공유하는 것이라는 사실을 너무도 잘 알기 때문이다. 이린 정중한 선물을 빠뜨리면 유럽인들에게 큰 피해가 간다. 황궁의 여러 시계를 맞추고 유지, 보수하는 한 신부는 이야기 하나를 들려주었다. 시계를 두는 방의 열쇠를 맡고 있는 늙은 환관이 밤마다 몰래 기계를 일부러 어질러놓고 망가뜨린다는 것이다. 그 신부가 시계를 다시 고치는 번거로움을 겪고 수리비를 물게 하기 위해서였다. 이 일이 너무 자주 일어나자 마침내 신부는 적절한 방지책을 취하는 비법을 알게 되었다. 물론 수리비가 문제라기보다는 그가 담당하고 있는 기계들의 피해를 복구하는 것이 더 성가신 일이었다."[46]

18세기 초까지 시계는 거의 전적으로 선물로 이용되었고 아주 드물게만 상업적 거래의 대상이었다. 동인도회사의 회의록과 중국 교역소 기록은 17세기 후반 동안 회사를 통해 시계가 중국으로 수출되었다는 증거를 전혀 보여주지 않는다. 같은 시기 영국 세관 기록은 스웨덴과 덴마크, 독일, 네덜란드, 플랑드르, 이탈리아, 러시아, 오스만 제국, 뉴잉글랜드, 바베이도스 및 기타 여러 지역으로 시계가 수출되었음을 보여주지만 중국이나 일본으로의 수출 기록은 전무하다.[47] 네덜란드 동인도회사의 기록은 17세기 내내 극소수의 시계만이 일본으로 보내졌음을 보여주며 대부분은 선물용이었다.[48]

사실, 중국과 일본에서 비싼 자명종을 구할 여유가 있는 사람은 많지 않았다. 그럴 여유가 있는 사람들은 특히 중국의 경우에는 시계를 선물로 받을 수 있는 지위에 있었다. 이러한 양상은 유럽인들이 저가 시계 생산에 들어가고 영국인과 곧이어 스위스인이 저가 시계를 광둥에 수출하기 시작한 18세기 초반에 갑작스레 바뀌었다. 1730년대에 뒤 알드 신부는 이렇게 적었다. "예전에 유럽인들은 〔광둥에〕 옷감, 크리스털 유리, 칼, 시계, 자명종, 반복 타종 시계, 망원경, 거울, 유리잔 등등을 수출했다. 그러나 영국인들이 그곳에 해마다 정기적으로 오게 된 이후로 이 모든 상품들은 유럽에서만큼 값이 싸졌다."[49] 뒤 알드 신부의 진술에는 과장이 섞여 있지만[50] 18세기 초 이후에 특히 중국으로 유럽산 시계 수출이 급증한 사실은 부인할 수 없다.[51] 1775년이 되자 "중국인들은 이제 광둥을 통해서 좋은 가격에 시계를 얻는다."라고 언급되고 1805년 무렵에 한 프랑스인은 "시계는 이제 중국에서 매우 낮은 가격에 팔린다."는 사실을 관찰했다. "나는 10만 리브르어치 시계들이 런던으로 반송되는 것을 목격했고 그만한 액수의 시계가 아직 팔리지 않은 채 여기에 남아 있다. 스웨덴과 덴마크 사람들이 엄청난 양의 시계를 수입해와 이것들은 이제 중국 가게에서 한 쌍당 5피아스터에 팔린다. 이 시계들은 거의 전부가 스위스에서 왔다."[52]

오늘날 박물관과 개인 소장품을 통해 중국 시장을 겨냥해 만들어진 대단히 귀하고 정교한 시계들을 여럿 볼 수 있다.[53] 그러나 이 시계들은 중국에 실제로 수출된 시계의 일면만을 반영했다. 극도로 장식적인 시계, 음란한 장면이 조각된 시계류가 천조국에 들어왔고 18세기 말에 포고된 사치 단속령은 이러한 무역을 종식시키려고 했다.[54] 그러나 여러 소식통들은 18세기 유럽 수출 무역의 확대는 주로 저렴한 상품의 판매 덕분이었다고 입을 모은다. 한 스웨덴 여행가는 1750년대 초반에 "중국인들은 크고 작은 영국제 시계를 구입한다. 중국 상점에서는 때때로 영국제 시계를 파는데 가끔 적당한 가격의 시계도 있지만 대부분은 싸구려이다."라고 썼다.[55] 이러한 상황은 존 배로가 다음의 사실을 관찰한 18세기 말까지 지속되었다.

중국 시장을 겨냥해 천편일률적인 솜씨로 제작된 싸구려 시계는 한때 수요가 많았지만 이제는 거의 찾지 않는다. 네덜란드 동인도회사에 고용된 한 신사 분은 뻐꾸기시계가 중국에서 팔릴 만한 물건이겠다고 생각하여 대량으로 입고했는데 그의 가장 낙관적인 기대치조차 뛰어넘는 양이었다. 그러나 이 나무 기계들은 실제 사용이 아니라 오로지 판매를 목적으로 제작되어 그 신사 분이 주문한 두 번째 화물이 내려지기도 한참 전에 이미 모두 소리가 나지 않았다. 이제 그는 시계를 팔 수 없게 되었을 뿐더러 이전 구매자들도 물건을 반품하겠다고 아우성이었는데 그가 묘책을 떠올리지만 않았어도 분명히 그렇게 되었을 것이다. 그는 이전의 고객들을 진정시키고 그의 두 번째 화물의 구매자까지 구할 수 있었다. 그는 반품을 하겠다는 고객들에게 더할 나위 없는 권위자처럼, 뻐꾸기는 일 년 중 특정 시기에만 우는 매우 특이한 종류의 새이며 적절한 시점이 될 때마다 그들이 구입한 모든 뻐꾸기의 목구멍에서 아름다운 선율이 일제히 흘러나올 것이라고 납득시켰다.[56]

왜 중국은 실패했는가라는 물음

시계는 선물로서, 또 거래 대상으로서 일본보다 중국에 더 많이 들어왔다. 중국 인구가 일본 인구보다 훨씬 많았을 뿐 아니라 일본인들이 기계식 시계를 자체적으로 제작하는 방법을 배웠기 때문이다.

서양의 시계와 화기가 극동에 출현했을 때 공상적인 중국인들

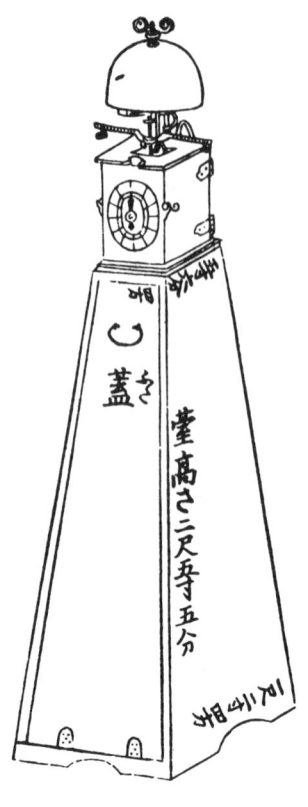 

|
왼쪽은 1796년 일본에서 출판된 서적에 실린 그림으로, 피라미드 형태의 랜턴 시계를 묘사하고 있다. 런던 대영박물관 소장. 18세기 후반에 만들어진 오른쪽의 시계는 이중 탈진기로 되어 있다. 도쿄 국립과학박물관 소장.

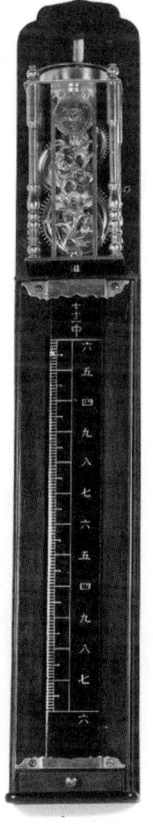
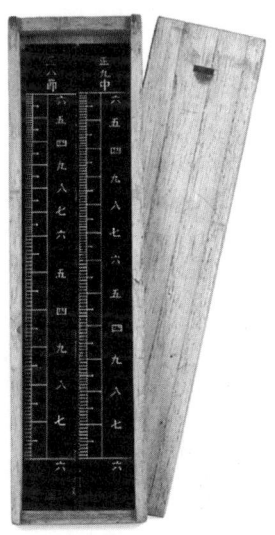

|
에도 시대 말기인 1850년경에 제작된 일본 기둥 시계. 움직이는 숫자판과 불균등한 시간에 맞춰 갈아 끼울 수 있는 눈금이 달려 있다.

은 시계에 매료된 반면 호전적인 일본인들은 특히 총포에 매료되었다. 일본인들은 곧 화승총을 제작하기 시작했고 분명 대량의 화승총을 생산했다.[57] 그들이 시계에 관심을 보인 것은 훨씬 나중이었고 그때 까다로운 문제가 드러났다. 유럽 시계는 동일한 길이의 12시간이 두 번 반복되는 체계를 기반으로 한 반면 일본인들은 가변적 길이로 구성된 "자연일"에 따라 시간을 계산했다. 즉, 일출부터 일몰까지 낮은 여섯 시간으로 나뉘고 일몰부터 일출까지의 밤 역시 여섯 시간으로 나뉘었다. 그 결과, 여름 동안에는 낮 시간이 "길고" 밤 시간은 "짧은" 반면, 겨울에는 그 반대가 되었다. 12월 하반기에는 낮과 밤 시간이 동일했다.[58] 서양 시계는 이러한 시간 계산 체계에 명백히 맞지 않았다.[59]

일본 시계 제작의 초기 역사는 세 가지 국면으로 쉽게 구분된다. 처음에 일본인 기술자들은 유럽 시계의 작동 방식을 일본의 토착적인 시간 계산 체계에 맞게 변형하려는 시도를 전혀 하지 않고, 유럽 시계를 철저하게 모방한 극소수의 복제품을 내놓았다.[60] 일본의 골동품 수집가들은 일본에서 처음 만들어진 시계는 16세기 말 대장장이 쓰다 스케자에몬이 만든 것이라고 입을 모은다. 그는 도쿠가와 이에야스에게 선사된 서양 시계들을 본뜬 충실한 복제품을 만들었다.[61] 17세기 초에 일본 수공업자들은 유럽 시계의 숫자판과 로마 숫자를 중국의 십이지와 그에 상응하는 숫자로 대체했지만 그들이 만들어내는 시계는 여전히 창의성 없는 복제품일 뿐이었다. 두 번째 국면은 옛 시계 가운데 일부 시계들의 모션워크*가 새로운 양식으로 "개조된" 17세기 중에 나타났다. 숫자판이 고정되어 있고 시침이 회전하는 대신 시침이 고정되고 숫자판이 회전하는 양식으로 바뀌었다. 이 시계의 숫자판은 "시간"을 조정할 수 있었다. 마침내 17세기 말에 이르자 일본 기술자들은 평형 바퀴 하나는 낮 시간을, 다른 평형 바퀴는 밤 시간을 표시하는 이중 탈진기 시계를 고안해냈다.[62] 일본인들은 비록 굴대 탈진기와 폴리옷이라는 서양식 시계 원리를 언제나 고수하기는 했지만, 17세기 말부터는 자신들만의 양식을 개발하여 그들의 시계 계산 체계에 적합한 독특한 시계를 만들어냈다. 추로 움직이는 세 가지 형태의 랜턴 시계**가 나왔다. 첫 번째 형태는 비단 끈이나 고리로 거는 벽시계였다. 두 번째 형태는 원뿔대 위에 올려놓아서 늘어뜨린 추가 가려지는 피라미드 형태의 시계였다(140쪽 도판을 보라). 상 위에 올리는 세 번째 형태는 탁상시계로 알려졌다. 이 세 가지 형태 외에도 일본인들은 지붕을 떠받치는 기둥에 걸 수 있는 "기둥 시계"를 발명했다. 종이로 만든 일본 가옥의 벽은 무거운 서양식 벽시계를 지탱하기에는 너무 약했기 때문이다. 기둥 시계는 다른 어느 시계와도 달리 시각을 수직적으로 보여주었다. 추가 내려가면 추에 고정된 시침이 시각을 가렸다. 지면에서

---

* 모션워크 motion work 분침의 회전을 시침의 회전으로 전달하는 장치.
** 랜턴 시계 lantern clock 17~18세기 초 영국에서 주로 사용하던 랜턴 모양의 시계.

수직으로 선 막대에는 조정 가능한 시간 눈금이 표시되어 있었다(141쪽 도판을 보라). 나중에 일본 수공업자들은 매우 아름다운 소형 인롱印籠 시계도 개발했다. 놋쇠로 만들어져 태엽을 감아 돌아가는 이 시계들은 일본 전통 상자인 인롱에 쏙 들어갔으며 인롱에는 조절 가능한 끈을 매어 달았다. 일본 의복에는 호주머니가 없었기 때문에 인롱은 목에 걸거나 허리띠에 끼워 넣었다.[63]

일본 시계 대부분은 일본이 외국인에게 문을 걸어 잠근 1620년대와 1630년대 이후에도 서양의 문물과 사상이 지속적으로 유입된 관문인 나가사키에서 만들어졌다. 시계는 때때로 "귀족과 수공업자, 공예가의 도시" 교토와 "사무라이의 도시" 에도(도쿄), "상인의 도시" 오사카, 그리고 센다이와 나고야 읍성에서도 만들어졌다.[64] 물론 일본은 시계 제작에 있어 양으로나 품질로나, 산업으로 발전한 유럽 수준에는 근접하지 못했다. 시계 생산은 언제나 소규모였는데 봉건적 사회구조와 소득 분배 불균형으로 수요가 제한적이었기 때문이다. 모든 와도케이*는 특정한 다이묘와 쇼군을 고객 삼아 만들어졌다.[65] 성에서는 많은 시계를 볼 수 있었지만[66] 다른 곳에서는 거의 찾아볼 수 없었다.[67] 시계를 만들 줄 아는 수공업자는 언제나 극소수였고 그들 대부분은 시계도 가끔 만들어내는 솜씨 좋은 대장장이였다.[68] 그러나 이러한 여러 심각한 제약에도 불구하고 일본의

---

*와도케이和時計 전통 방식으로 시간을 알려주는 일본의 기계식 시계.

상황은 중국의 지배적인 상황과 달랐다. 중국에서는 앞서 본 대로 시계를 제작하고 수선하는 공방이 17세기 말 베이징의 황궁 안에 설립되었으나 이 사업은 전형적으로 관료제적인 성격을 띠었고 오랫동안 중앙에만 국한된 고립적인 사례로 남았다.⁶⁹ 1750년대에 페르 오스벡은 "이곳〔중국〕에서는 시계공이 매우 부족하다."라고 언급했다.⁷⁰ 1769년에 장 마티외 드 방타봉은 "청나라의 왕족과 고위 인사들은 자신들의 시계를 고치기 위해 유럽인을 방문한다. (…) 아닌 게 아니라 우리는 작업량이 과중하다."라고 보고했다.⁷¹ 1775년에는 중국인이 "파손된 시계를 러시아인에게 아주 싼 값에 파는" 것이 목격되었는데 "그것을 수리할 만한 수공업자가 없기 때문"이었다.⁷² 18세기 말에 판 브람은 한 도시에 시계공의 가게가 세 곳이나 있는 것을 보고 "깜짝 놀랐다."⁷³ 그때가 되면 시계 제작 기술이 광둥에 확고히 자리를 잡고 있었고 1800년 무렵 존 배로는 과장을 섞어가며 다음과 같이 보고했다. "한때 콕스앤멀린 상회의 창고에서 나와 중국으로 대량 수출되었던 정교한 메커니즘의 시계를 이제 런던과 마찬가지로 이곳 광둥에서, 그것도 런던의 삼분의 일 비용으로 제작하고 있다."⁷⁴ 그러나 중국과 일본의 측시학의 역사를 비교해보면 중국의 시계 제작 기술이 일본보다 훨씬 뒤늦게 발달했다는 사실을 간과하기는 불가능하다. 중국의 시계 제작 기술은 독창적인 제품을 만들어내지 못했고, 본질적으로 광둥 지역에만 국한되었다.

　서양의 과학기술에 대해 일본인과 중국인이 다른 반응을 보인

이유는 분석하기가 쉽지 않다. 화기의 경우, 중국인은 무기와 군사 문제에 관심이 없었던 반면 일본인은 관심이 많았다는 사실은 분명하다.[75] 시계는 상황이 완전히 달랐다. 중국인은 시계에 일본인보다 훨씬 더 관심이 많았다. 일본인이 중국인보다 시계에 대해 더 평범하고 더 실용적인 시각을 견지했다고 말할 수도 있겠지만 입수할 수 있는 증거들은 그러한 견해를 뒷받침하지 않는다.[76]

흔히 중국인은 전통적으로 중국을 세계의 중심으로 본 반면 일본인은 자기중심적인 문화적 자부심에 얽매이지 않았다고 이야기되어 왔다.[77] 그러나 중국인들은 "스스로 울리는 종"에 매료되었다. 혹자는 중국인들이 외국의 사상을 흡수하는 데 익숙하지 않았기 때문에 무미건조한 복제품을 만들어낼 수밖에 없었다고 주장할 수도 있다.[78] 중국과 달리 일본은 외국의 사상을 받아들일 줄 아는 오랜 전통을 갖고 있었다. 그들은 단순히 서양 시계를 모방하는 대신 실제로 자신들의 필요에 맞게 변형할 수 있었고, 확실히 독창적인 작품을 만들어낼 수 있었다.[79]

이 문화적 수수께끼를 해결하기 위해 다른 이유들도 조심스럽게 제시될 수 있을 듯하다. 나는 앞서 일본인이 가변적인 길이의 시간 계산 체계를 사용했다는 사실을 지적했다. 이 "불균등 시간" 체계는 한때 유럽과[80] 중국에서도[81] 사용되었지만 두 지역 모두 16세기가 되기 한참 전에 폐기했다.[82] 유럽 시계는 중국의 시간 계산 체계에 맞춰 쉽게 제작될 수 있었지만(물론 중국인은 하루를 균등한 24시간으로 나누기보다는 12시간으로 나눴다.),[83] 일본의 시간 계산 체계에는 맞지 않았다. 따라서 토인비의 표현을 빌리자면, 일본인은 중국인이 무시한 도전에 맞닥뜨린 셈이었다. 두 나라의 사회구조의 차이도 고려해볼 만하다. 중국과 일본 어느 곳이든 수공업자가 부족하지는 않았다. 중국의 경우, 17세기에 지롤라모 브루소니는 "중국의 수공업자들은 손재주가 매우 뛰어나고 상아와 흑단, 호박으로 작업하는 데 특히 뛰어나다. (…) 수학과 관련된 분야에서는 유럽인보다 실력이 떨어진다. 그러나 그들은 기계식 탁상시계를 만들 줄 알며 우리 수공업자들만큼 돈을 받는다면 소형 시계도 만들어낼 것이다."라고 썼다.[84] 내가 아는 한 브루소니는 비록 중국에 가본 적이 없고 간접 정보를 전해주고 있을 뿐이지만,[85] 그의 진술이 비현실적인 것은 아니다. 중국의 기술력이 일본보다 부족했으리라고 볼 근거는 전혀 없다. 하지만 중국의 관료 정치 및 관료제적 구조가 중국 수공업자들의 잠재력이 꽃필 기회를 방해했다고 볼 근거는 있다. 리치 신부는 "중국 수공업자들이 완벽한 기량을 발휘하려고 항상 애쓰지는 않는다."는 사실에 주목했다. "이런 현상은 일반적인 작업보다 더 낮은 보수로 일을 시키는 지방 관리들 아래서 일할 때 특히 눈에 띈다."[86] 권력을 이용해 수공업자들에게 지금껏 해오던 대로 물건을 만들라고 시키는 것은 어렵지 않다. 하지만 창의적이고 독창적으로 하라고 강요하는 것은 훨씬 힘든 법이다. 꼭 금전적으로 표현된 유효수요가 아니더라도 세상의 다른 보람 있는 자극들이 수공업자들을 독려할 수도 있었을 것이다. 그러나 옛 중국에서는 그렇지 않았다. 수공업자를 대하는 당시 관리들의 태도를 두고 권력 남용의 무수한 사례 가운데 하나일 뿐이라고 쉽게 일축할 수는 없다. 거기에는 그 이상의 의미가 있었다. 명대 중국의 지배적인 사회문화적 가치 체계는 실제로 수공업자와 기술을 천대했다. 올바르게 지적된 대로 "예술가artist와 수공업자artisan는 서로 다른 인종이나 마찬가지였다." "교양 있는 중국인은 수공업자의 작품을 감상할 때 마치 비버의 영리한 작품을 살펴볼 때처럼 놀랍다는 투로 이야기한다."[87] 명대 중국 사회의 지배적인 가치 체계는 수공업자를 억압하고 응용과학과 과학기술의 진보를 방해했다.[88] 일본의 봉건영주와 그의 성 밖 마을에 사는 수공업자의 관계는 일시적으로 임명된 관리와 중국 마을의 수공업자 사이의 엄격한 관료제적 관계보다 훨씬 더 생산적인 듯했다.[89]

그러나 내가 보기에 가장 중요한 요인은 두 나라의 크기의 차이와 대다수 중국인의 삶의 고립성이었다. 마카오는 포르투갈의 교역소였고 광둥 주민들은 서양의 영향에 대체로 노출되어 있었다.[90] 그러나 그 외 지역 주민들은 사실상 외부와 완전히 고립되어 살았다. 요하너스 니우호프가 본 대로 "어떤 일에서는 창의적이고 영리한 이 사람들이 또 어떤 일에서는 아주 멍청하고 미숙한 이유는 아무래도 일반적으로 외국인을 상대하는 것을 혐오하는 데서 비롯한 것 같다. 이곳에서는 외국인의 출입을 금지하는 것이, 적어도 국경 지역보다 더 안쪽으로 들어오는 것을 허용하지 않는 것이 원칙이다."[91] 도쿠가와 지배 체제가 확립되자 일본은 강력한 쇄국 정책을 폈다. 1623년 영국인들은 자발적으로 히라도 섬^{平戸島}을 떠났다. 1624년 에스파냐인들은 일본에서 모두 쫓겨났고 일본과 필리핀 사이의 교류도 완전히 중단되었다. 1636년 일본인들은 해외로 나가는 것이 금지되었고 해외로 나간 자들은 귀국이 허락되지 않았다. 1638년 포르투갈인들이 추방되었고 1640년 포르투갈이 무역을 재개하기 위해 사절단을 파견했을 때 사절단 거의 전원이 즉결로 처형되었다. 그러나 네덜란드 무역 상인들이 나가사키 항구의 데시마 섬^{出島}에 무역소를 유지하는 것은 허락되었다. 광둥을 통해 중국으로 유럽의 문물이 유입된 것처럼 이 탯줄을 통해 유럽의 문물은 일본으로 끊이지 않고 조금씩 스며들었다. 그러나 중국에는 1억 5천만 명의 인구가 있었고[92] 일본에는 2천 5백만에 못 미치는 인구가 있었으며[93] 도로망과 내부 통신 체계는 일본이 상대적으로 더 좋았다. 일본 정부의 태도는 중국보다 더 비타협적이고 적대적이었지만, 외국의 사상과 기술은 광둥에서 중국 내부로 침투할 수 있었던 것보다 나가사키에서 일본 내부로 더 쉽게 침투할 수 있었다.[94]

    앞선 모든 언급들은 필연적으로 단편적이다. 그리고 이 단편적인 정보들 각각이 서양 과학기술이 준 충격에 대한 중국과 일본의 상이한 반응을 살피는 데 과연 적절한지, 그리고 적절하다면 얼마나 적절한지 판단하기는 어렵다. 더 일반적인 수준에서 볼 때, 도쿠가와 시대 일본에는 에도와 오사카, 나가사키 같은 번창하는 도심지가 있어서 정력적인 상인 계급이 겐로쿠 시대(1688~1704년)*에 정점에 달한 활기찬 도시 문화 속에서 자신을 표현하고 존재를 드러낼 수 있었다는 사실을 상기해도 괜찮을 것 같다.95 도시의 문화적 분위기가 언제나 농본적이고 관료적이었던 중국에서는 유사한 일이 일어나지 않았다.96 그러나 이러한 고려 사항들은 원래의 질문에 대답하지 않는다. 오히려 질문을 확장할 뿐이다. 사실, 이 질문에 대한 답은 모호하고 부정확할 수밖에 없다. 질문 자체가 모호한 데다 역사적 차원에서 질문의 정당성이 다소 의문스럽기 때문이다. "왜 중국은 시계와 대포를 만들어내는 데 **성공**하지 못했는가?" 그리고 "왜 중국은 산업화로 나가는 데 **성공**하지 못했는가?"라고 질문할 때 우리는 암암리에 비중국적인 조건에서 중국을 평가한다. 그러나 로빈 G. 콜링우드가 썼듯이 "두 가지 다른 삶의 방식을 두고 두 방식 모두 같은 것을 이루려 했다고 가정하는 것"은 타당하지 않다. "바흐는 베토벤처럼 곡을 쓰려다 실패한 것이 아니다. 아테네는 로마가 되려고 했으나 그리 성공적이지 못했던 시도가 아니다." 어쩌면 우리는 록펠러 재단의 이사가 한 말을 빌려서 이렇게 결론 내려야 할지도 모른다. "왜 16세기와 17세기, 18세기에 걸쳐 중국이 유럽의

---

* 겐로쿠 시대元祿時代 바쿠한(幕藩) 체제가 확립된 시기로 농촌이 번영하고 산업이 발달하면서 조닌(町人) 문화가 만개했다.

과학기술을 발전시키지 못했는가라고 묻는 것은 다소 예의 없을 뿐 아니라 무의미할지도 모른다. 오히려 놀라운 것은 어쨌든 그런 일이 일어났다는 것이다."

| 에필로그 |

기계식 시계는 유럽의 기후에 대처하기 위해 발명되었다는 주장이 오랫동안 제기되었다. 겨울이 되면 클렙시드라의 물은 얼어붙었고 해시계는 짙은 구름 탓에 쓸모가 없었다. 그러한 설명은, 불행히도 우리가 역사책에서 자주 마주치는 단순한 결정론의 대표적인 사례이다. 앞에서 거듭 지적했듯이, 최초의 기계식 시계는 매우 부정확해서 끊임없이 다시 맞춰야 했고 시계 관리인들이 시침을 앞뒤로 돌려서 정정할 때면 해시계와 물시계를 근거로 했다. 따라서 최초의 기계식 시계는 해시계와 물시계의 대체물로 절대 간주될 수 없다.

"왜" 유럽인들이 기계식 시계를 만들었는지 그 이유는 훨씬 더 미묘하다. P. G. 워커가 몇 년 전 썼듯이

우리는 기계가 사회를 재편하고 인간의 습관과 생활 방식을 변화

시키는 모습을 보고 있기 때문에, 기계가 이를테면 사회의 상부구조를 결정하는 자율적인 힘이라고 생각하기 쉽다. 사실, 현실은 반대로 일어났다. (…) 기계가 유럽에서 발명된 이유는 인적 측면에서 찾을 수 있다. 사람들이 사회적 현상으로서 기계를 발전시키고 적용할 수 있기 전에 그들은 먼저 기계공이 되어야 했다.

13세기 사람들이 시간을 측정하는 문제를 기계적 관점에서 생각한 이유는 그들이 기계적 세계관을 발전시켜왔기 때문이며 방앗간과 자동으로 울리는 기계 장치들은 그에 대한 풍성하고 의미심장한 증거이다.

시계는 등장한 직후부터 지위를 상징하는 기능을 했다. 유럽의 도시들은 가장 화려한 시계를 제작하기 위해 경쟁했고 시영^{市營} 시계들 가운데 다수는 의미를 이해할 수 있는 사람이 거의 없는 정교한 운동 장치와 숫자판이 있었다. 휴대용 시계가 출현하자마자 국왕과 귀족들 사이에서 이 정교한 장치를 자신들의 초상화에 그려 넣는 것이 유행이 되었다. 그와 동시에 특정 인간의 필요를 충족하기 위해 고안된 기계는 새로운 필요를 만들어냈다. 사람들은 활동 시기를 서로 맞추기 시작했다. 시계가 없던 시절에는 생각할 수 없는 일이었다. 사람들은 시간에 무척 민감해졌고 궁극적으로 시간을 지키는 일은 필요이자, 미덕, 집착이 되었다. 따라서 악순환이 시작되었다. 더 많은 사람들이 시계를 갖게 될수록 다른 사람들도 그와 유사한 장치를 가져야만 했고 기계는 자신이 확산되는 조건을 창출했다.

그와 동시에 시계는 지속적으로 인간의 생활 방식과 사고방식을 바꾸고 있었다. 유럽의 변화는 서서히, 그러나 불가항력으로 진행되었다. 균등한 시간 체계가 계절의 변화와 밀접하게 연관된 불균등한 시간 체계 그리고 그 밖의 시간 구분 방식들을 대체했다. "첫 미사 시간"이나 "저녁 기도 시간" 같은 표현들이 완전히 폐기되기까지는 오랜 시간이 걸렸다. 그러나 동일한 길이의 "시계의 of the clock" 시간(정각 o'clock)이란 더 추상적인 표현이 점차 자리를 잡았고 마침내는 일반적인 것이 되었다.[1] 일본에서 기계식 시계는 처음에 현지의 "불균등한" 시간 구분 전통에 맞게 변형되었지만 결국에는 기계적으로 더 정확한 유럽식 해법이 채택되었다. 시계가 철학과 예술에 미친 충격 역시 중요했다. 물론 지배적 경향에 맞서는 반항적인 반[反]순응주의자들도 언제나 존재했다. 첫 기계식 시계가 출현한 직후에 데이비드 Daffyd라는 웨일즈 시인은 14세기 중반에 이렇게 썼다.

도랑 옆에서 나를 깨우는 검은 얼굴의 시계에 화 있으라.
그 머리와 혓바닥에, 그 두 가닥 밧줄과 톱니바퀴에,
그 무거운 추에, 그 가로대와 망치에,
날과 시끄러운 방앗간을 생각하는 그 까딱까딱하는 머리에 저주 있으라.
취해서 비틀거리는 서툰 장인의 멍청한 두드림처럼 무례한 시계여,

그 불경한 얼굴 (…) 밤을 갈고 빻는 사악한 방아여[2]

수 세기 후에 루비니 부인은 파리의 빌뒤탕플 거리에 있던 집을 떠났는데 "오텔 데페르농"에 있는 시계가 정시와 15분마다 종을 쳤기 때문이다. 그녀가 보기에 그 잦은 시계 종소리는 "그녀의 삶을 산산조각 냈다."[3] 그러나 그러한 태도는 눈에 띄는 예외였다. 시계가 곧 일상생활의 필수품이 된 유럽에서는 사람들의 표현 방식은 물론 사고방식도 시계에 깊이 영향을 받았다.

시계가 돌아가는 것은 진실하게 여기는 것
아름답고 매우 중요한 기구

라고 생각한 장 프루아사르는 사랑하는 마음이 느끼는 감각과 움직임을 시계의 기계적 움직임에 비유하는 1,174행의 시를 썼다.[4] 한 세기 후에 또 다른 시인 가스파레 비스콘티는 사랑의 감정을 다시금 시계의 움직임에 비유하는 더 짧고 더 섬세한 시를 썼다.[5] 이 시들을 기계에 경도된 시인들의 요란한 과시로 간주할 수도 있겠지만, 16세기와 17세기를 거치면서 기계로서 시계는 철학자들과 과학자들의 사고에 깊은 영향을 미쳤다. 요하네스 케플러는 "우주는 신성한 존재와 유사한 것이 아니라 시계와 비슷하다."라고 주장했다. 로버트 보일은 우주는 "거대한 시계태엽 장치"라고 썼고 커넬름 딕비 경은 다시금 우주는 거대한 시계에 불과하다고 썼다. 이처럼 기계적 세계관Weltanschauung이 만연한 구조 속에서 신은 뛰어난 시계공으로 묘사되었다.[6]

이러한 사실들 그 자체로는 특이한 역사적 사례를 모으는 박식한 수집가들에게만 흥미로울지도 모른다. 그러나 이와 비슷한 사실들이 기술과 기계의 역사에서 흔하다는 점을 인식한다면 이것들은 새로운 차원의 의미를 획득한다. 새롭게 등장하는 기계들은 기존의 필요를 충족할 뿐 아니라 저마다 새로운 필요를 만들어내고 더 새로운 기계를 낳는다. 새로운 장치는 우리의 삶과 생각을 바꾸고 형성한다. 기계들은 예술과 철학에 영향을 주고, 심지어 우리의 여가 생활에까지 침투해 우리가 여가를 이용하는 방식에 영향을 미친다.[7]

기계는 하나의 도구이다. 그러나 "중립적인" 도구는 아니다. 우리는 기계를 사용하면서 기계에 깊이 영향을 받는다. 생텍쥐페리는 "기계는 조금씩 인간성의 일부가 될 것"이며 "모든 기계는 자신의 기능 속에서 원래의 정체성을 잃고 점차 [인간의] 녹이 끼게 될 것"이라고 낙관적으로 생각했다.[8] 그러나 기계들로 이루어진 세계에서 우리 역시 점차 녹이 껴가고 있고 인간사를 다루는 데 언제나 유용하거나 이롭지만은 않은 기계적 세계관에 조금씩 물들어간다. 오스카 와일드가 말했다는 대로 "기계가 끼치는 해악은 인간 자신도 기계로 만들어버린다는 것이다."

어리석은 자만이 기계를 그렇게 덮어놓고 비난할 것이다. 우리는 갈수록 더 많은 기계와 더 좋은 기계가 절실하다. 경제와 기술의 발전이 절실하기 때문이다. 그러나 우리는 우리의 기계를 좋고 훌륭한 용도로 쓸 수 있도록, 철학의 발전과 인간사를 다루는 능력의 발전도 간절히 필요로 한다.

| 부록 |

시계 원동력의 가장 초기 형태는 떨어지는 추였다. 초창기 기술자들에게 추는 매우 매력적인 장치였다. 추는 일정하게 안정적으로 잡아당기기 때문에 오늘날에도 여전히 이상적인 방법이다. 이 당기는 힘을 어떻게 제어할 것인지가 문제였고 그것은 폴리옷이 달린 굴대 탈진기의 발명으로 해결되었다. 앨런 로이드가 쓴 대로 그러한 메커니즘을 발명한 이가 누구인지는 "아무도 모르고 아마 앞으로도 영영 모르겠지만" "그가 누구든 간에 진짜 천재"였다.

굴대^{verge}와 폴리옷^{foliot} 장치는 그림 1의 도해에 나와 있다. 구동 추(그림에서는 보이지 않는다.)를 당기면 홀수의 톱니가 달린 크라운 톱니바퀴$^{crown\ wheel}$(A)가 돌아가기 시작하고, 이내 톱니 가운데 하나가 굴대(DD)의 제동장치 중 하나(B)와 맞물리게 된다. 톱니가 제동장치(B)를 지나서 다시 크라운 톱니바퀴가 자유롭게 움직일 때

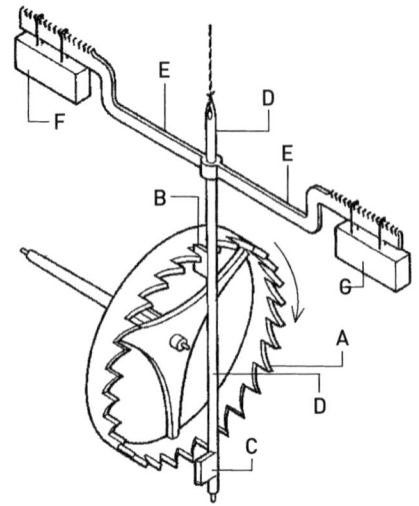

그림 1 폴리옷이 달린 굴대 탈진기

까지 폴리옷(EE)은 회전한다. 그러나 이내 크라운 톱니바퀴의 아래쪽에 있는 톱니가 다른 제동장치(C)에 걸리고, 동일한 과정이 반대 방향으로 되풀이된다. 따라서 크라운 톱니바퀴가 차례로 제동장치(B와 C)를 지나갈 때마다 "폴리옷"(EE)은 앞뒤로 움직인다. 시간의 흐름은 좌우로 균형을 잡는 폴리옷이 일정한 박자로 왕복하며 움직이는 것으로 측정된다. 작은 추(F와 G)의 위치는 폴리옷이 크라운 톱니바퀴에 가하는 저항력 그리고 톱니바퀴의 단[뿔]방향 운동을 좌우한다. 따라서 폴리옷에서 추의 위치를 바꾸면 톱니바퀴가 돌아가는 속도를 조절할 수 있다. 프레더릭 J. 브리튼이 쓴 대로 "몇 가지 기본 원리를 바탕으로 그러한 탈진 톱니바퀴를 설계하고 제작하는

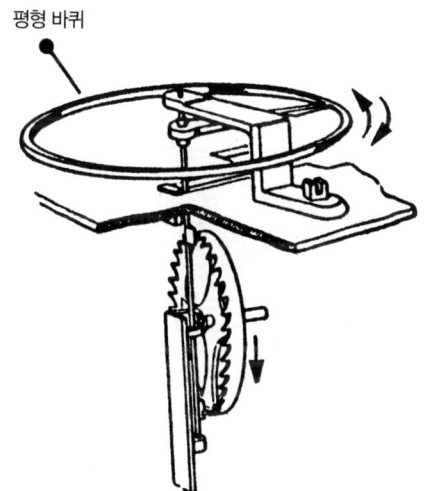

그림 2 평형 바퀴가 달린 굴대 탈진기

일은 상당히 어려운 일이었을 것이다. 따라서 최초의 시도는 톱니바퀴의 회전면에 직각으로 튀어나온, 핀이 달린 핀 톱니바퀴pin-wheel escapement형태였을 가능성이 크다. 이러한 구성은 한참 뒤인 17세기까지도 조잡한 블랙포레스트 시계에서 발견된다."

돈디의 설계도에서 볼 수 있듯이 아주 초기에 "폴리옷"은 때때로 평형 바퀴balance wheel로 대체되었다. 평형 바퀴는 (그림 2에서처럼) 폴리옷과 동일한 왕복운동을 하지만 평형 바퀴 장치에서 메커니즘이 작동하는 속도는 구동 추의 조정으로 조절된다. 평형 바퀴와 폴리옷 가운데 무엇이 먼저 등장했는지는 확실치 않다.

그림 3은 굴대 탈진기가 어떻게 손목시계에 응용되었는지를 보

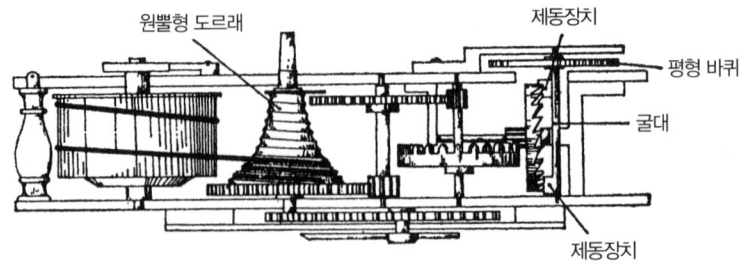

그림 3 원뿔형 도르래가 포함된 손목시계

여준다. 이 그림은 원뿔형 도르래^{fusée}, 즉 큰 태엽에서 균등한 추진력을 얻어내는 정교한 장치도 보여준다. 큰 태엽은 풀리는 동안 힘이 조금씩 줄어든다. 원뿔형 도르래는 원뿔대처럼 생겼고 측면에 나선형으로 홈이 패여 있어 거기에 줄^{cord}이 감겨 있다. 단단히 감기면 태엽은 원뿔형 도르래의 직경이 작은 쪽에서부터 줄을 당김으로써 도르래를 회전시킨다. 태엽이 완전히 풀리면 이제는 반대편 도르래, 즉 직경이 더 큰 쪽에서 줄을 잡아당긴다. 이런 방식으로 태엽이 회전하면서 변하는 당기는 힘에 맞춰 원뿔형 도르래의 직경을 미리 조정해둠으로써 태엽 장치의 주 톱니바퀴에 가해지는 힘은 일정하게 유지된다.

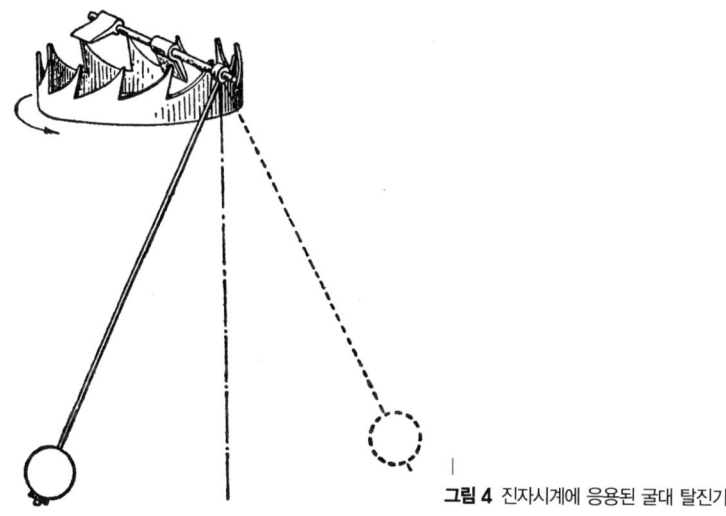

그림 4 진자시계에 응용된 굴대 탈진기

그림 4는 나중에 진자시계에 응용된 굴대 탈진기를 보여준다. 두 개의 제동장치가 서로 직각으로 달린 굴대가 크라운 톱니바퀴 위에 걸쳐져 있다. 추나 태엽에서 나온 원동력이 크라운 톱니바퀴를 한쪽 방향으로 돌려 진자를 움직인다. 다른 한편으로 진자의 왕복은 태엽장치의 움직임을 제어해 시간을 측정한다. 이것은 진자가 조잡한 방식으로 시계 장치에 응용된 최초의 실례이다.

| 후주 |

후주에 나오는 책들의 전체 서지 사항은 참고문헌에서 확인할 수 있다.

서문
1. Lopez, *Venezia*, 53~59쪽.

프롤로그
1. Genicot, *Evidence of Growth of Population*, 14~29쪽을 보라.
2. Lewis, *Medieval Frontier*, Duby, *L'économie rurale*, vol. I, 139~169쪽, Slicher van Bath, *Agrarian History*, 132~136쪽과 151~159쪽을 보라. 당시의 불안정한 여건 때문에, 중세에 버려진 땅이 반드시 한계 경작지는 아니었다는 사실도 상기해야 한다. 11세기를 지나면서 질서가 좀 더 자리 잡히자 비옥한 땅도 회복될 수 있었다.
3. Duby, *L'économie rurale*, 170~202쪽, White, *Medieval Technology*(「중세의 기술과 사회 변화」), 39~76쪽, Duby, *Le problème des techniques agricoles*을 보라. 농촌 지역이 급속히 성장하는 도시 인구를 지탱할 수 있었고 농촌 인구의 생활 조건이 악화되지 않았다는 사실을 받아들인다면 농촌 노동력의 생산성에서 결정적인 향상이 일어났다는 점 역시 인정해야 한다.
4. White, *Medieval Technology* 전체를 보라.
5. Finley, *Technical Innovation*, 29~45쪽.

6. Olschki, *Guillaume Boucher*, 95쪽 이하와 거기에 인용된 참고문헌을 보라.
7. *Cambridge Economic History*, vol. 3, 244쪽 이하에서 실비아 L. 스럽^{Sylvia L. Thrupp}의 전반적인 언급과 거기에 인용된 풍성한 참고문헌을 보라. 그러나 동유럽에서는 봉건 귀족이 길드의 권력과 요구를 분쇄하는 데 궁극적으로 성공했고 이러한 사실은 동유럽 특유의 사회 발전과 경제 발전을 설명한다. 여기에 대해서는 여러 책 가운데 Carsten, *Medieval Democracy*를 보라.
8. White, *Medieval Technology*, 79쪽 이하를 보라. 이 책 124쪽 주 5에서 화이트는 14세기 중반 밀라노에서 만들어진 새로운 형태의 기계식 방아를 언급한다. 연대기 작가 갈바노 플람마^{Galvano Flamma}는 이 방아들 각각을 젊은이 혼자서 작동시킬 수 있으며 "기껏해야 아이의 도움만 필요하다(et non est opus nisi nuius pueri)."는 사실을 강조했다. G. Flamma, *Opusculum*, ed. L. A. Muratori, *Rerum Italicarum Scriptores*, 12, col. 1038. 또한 돌을 자르는 새로운 장치가 1402년에 이번에도 밀라노에서 채택되었다. 새로운 메커니즘 덕분에 장정 네 명 대신 말 한 마리를 이용하는 것이 가능해졌으며, 말 한 마리를 부리는 데 드는 비용은 하루에 3실링인 데 반해 장정 네 명의 하루 임금은 53실링이 넘게 나간다는 사실이 지적되었다(*Annali della Fabbrica del Duomo*, vol I, 248쪽).
9. Reti, *Francesco di Giorgio Martini*, 287~298쪽.
10. Keller, *A Theater of machines*는 기계와 기계의 잠재력이 르네상스 유럽에 얼마나 요란한 관심을 불러일으켰는지를 유쾌하게 보여준다.
11. Wright, *The Works of Liudprand*, 207~208쪽.
12. 비잔티움 제국의 자동 장치와 리우드프란드^{Liudprand}의 이야기는 Brett, *Automata*, 447~487쪽과 Olschki, *Guillaume Boucher*, 89쪽 이하를 보라.
13. Olschki, *Guillaume Boucher*, 95쪽. 14세기 모로코 페즈의 유명한 기계식 물시계는 드 솔라 프라이스(*Mechanical water clocks*, 601쪽)에 따르면 "알자자리가 쓴 것과 (…) 내용면에서 완전히 일치한다." Chapuis and Droz, *Automata*, 38쪽 이하, de Solla Price, *Automata*도 보라.
14. 14세기와 15세기를 거치면서 서방에 대한 비잔티움의 시각의 변화는 Sevcenko, *Decline of Byzantium*, 176쪽 이하, Geanakoplos, *A Byzantine looks at the Renaissance*, 157~162쪽을 보라.

15. Lambros, *Ipomnina*, 26쪽. 베사리온[Bessarion]의 편지에 관해서는 Keller, *Cardinal Bessarion*, 343~348쪽과 Sevcenko, *Decline of Byzantium*, 177쪽도 보라.
16. 이 사실은 유럽 바깥에도 잘 알려져 있었다. 타타르 족장들이 전장이나 서방으로 습격을 나가 "튜턴 사람들[Teutous]"을 생포하면 그들은 그 독일 포로들을 광산 작업장으로 보내거나 무기를 제작하는 데 고용했다. Olschki, *Guillaume Boucher*, 5쪽을 보라.
17. Guicciardini, *Relazione*, 131쪽.
18. Cunningham, *Alien immigrants*, 122, 142쪽 외 여기저기, Hamilton, *The English Brass and Copper Industries*, 1~5쪽, Cipolla, *Guns and Sails*(『대포, 범선, 제국』), 38~39쪽과 87쪽 주 2를 보라.
19. 특히 15세기를 거치면서 많은 독일 수공업자들이 이탈리아로 옮겨갔다. Doren, *Deutscher Handwerker*를 보라.
20. 17세기에 진행된 이탈리아의 "쇠락"에 관해서는 Cipolla, *The Decline of Italy*를 보라.
21. 16세기 중반 저지대 지방 남부의 경제적 쇠퇴에 관해서는 Pirenne, *Histoire de la Belgique*, vol. 4, 407~433쪽을 보라. 저지대 지방 남부에서 숙련공의 유출에 관해서는 여러 책 가운데 Cipolla, *Guns and Sails*, 34쪽 주 5를 보라.
22. Babinger, *Maometto*, 469~505쪽.
23. Moryson, *Itinerary*, 419쪽.
24. Hall, *The Scholar and the Craftsman*, 21쪽.
25. 성숙한 과학자 집단과 수공업자 집단이 서로 다른 사회와 문화에 속해 있기라도 한 것처럼 양자를 구분하는 것은 순진한 이분법이다. 이런 시각으로 문제를 논의하는 경향은 안타깝게도 흔하다. 홀[Hall] 외에도 Wiener and Noland, *Roots of Scientific Thought*, 219~286쪽에 수록된 질셀[Zilsel]과 켈러[Keller]의 글도 참고하라.
26. Hall, *The Scholar and the Craftsman*, 15쪽.
27. 16세기와 17세기에 대한 저술에서 인쇄기, 화약, 나침반은 역사의 경로를 바꾼 위대한 발명품으로 흔히 거론된다. 이러한 시각은 응용 기술이 이룩한 업

적이 "학계의 과학자의 관심을 사로잡지 않았다."라는 홀의 진술과 모순된다.
28. 여기에 대해서는 Jones, *Ancients and Moderns*, 154쪽 이하를 보라.
29. Crombie, *Medieval and Early Modern Science*, vol. 2, 121쪽과 Hall, *The Scholars and the Craftsman*, 15쪽.
30. Ben-David, *Scientific Growth*, 462~465쪽. 그러나 많은 "발명가"들이 대학에서 교육을 받고 대학 학위를 받았다는 사실을 인정해야 한다.
31. Jones, *Ancients and Moderns*, 특히 154쪽 이하를 보라.
32. Jones, *Ancients and Moderns*, 204쪽에서 인용.
33. Jones, *Ancients and Moderns*, 특히 162쪽 이하를 보라.
34. Boyle, *Works*, vol. 6, 287~288쪽.
35. Needham, *Science and Civilization in China*(『중국의 과학과 문명』), vol. 3, 154~155쪽.

1장 | 유럽, 시계를 만들다

1. 베를린박물관은 기원전 1500년 것으로 추정되는 이집트 그림자 시계를 소장하고 있다. 하지만 시간을 나타내는 그와 유사한 장치는 틀림없이 더 이전부터 존재했을 것이다. 세월이 지나면서 적도 해시계, 수평 해시계, 수직 해시계, 경사 해시계, 방위각 해시계, 휴대용 해시계 등 여러 유형의 해시계가 출현했다. 서양에서는 해시계에 흔히 격언을 새겨 넣었다. 그러한 격언들을 모아놓은 책(Gatty, *The Book of Sun-Dials*, Henslow, *Sundial Books*, Hogg, *Book of Old Sundials*)은 인간이 가진 지혜의 보고이다.

2. 애서Asser가 쓴 앨프리드 대왕의 전기는 많은 내용이 사실로 확인되었는데 애서는 앨프리드 대왕이 시간을 측정하기 위해 특수한 양초를 이용했다고 전한다(Ward, *Time Measurement*, 11쪽). 서기 758년에 교황 바오로 1세는 피핀 국왕에게 몇 권의 책과 "더불어 야간 시계(necnon et horologium nocturnum)"를 선물로 보냈다(*Codex Carolinus*, 513쪽). 로타르 왕 재위 때(954~986년) 베로나의 한 부제副祭는 "여태껏 아무도 본 적 없는" "야간 시계(horologium ncturnum)"를 만들었다(Muratori, *Dissertazioni*, vol. I, 364~365쪽, Belgrano, *Antichi Orologi*, 30쪽도 참고하라). 루이 9세(1226~1270년 재위)는 책을 읽을 때 일정한 길이의 양초를 이용해 시

간을 쟀고(Vie de Saint Louis, 79쪽) 프랑스 국왕 샤를 5세(1364~1380년 재위)도 유사한 장치를 이용했다(De Pisan, Sage Roy Charles, vol. I, 609쪽). 동양의 불시계에 관해서는 Bedini, The Scent of Time을 보라.
3. 모래시계는 다소 늦게 나타났다. 모래시계는 대체로 선상에서 선원들의 당직 근무 시간과 배의 속도를 재는 데 이용되었다.
4. 프롤로그에서 하룬 알라시드가 샤를마뉴에게 보낸 클렙시드라를 묘사한 부분을 참고하라. 근동과 북아프리카에서 제작된 정교한 클렙시드라에 관해서는 de Solla Price, *Mechanical Water Clocks*, 599~601쪽, Olschki, *Guillaume Boucher*, 89쪽 이하, Chapuis and Gelis, *Monde des Automates*, vol. I, chap. 3, Chapuis and Droz, *Automata*, 36~40쪽, de Solla Price, *Automata*를 보라.
5. de Solla Price, *Origin of Clockwork*를 보라.
6. 초창기 "시계"들 일부는 숫자판이나 시곗바늘이 없이 본질적으로 종을 울려 시간을 알리는 방식으로만 구성되어 있었다. 1377년 헨트의 종탑에 설치된 최초의 "시계"도 그런 종류였다. 기계 장치 전체는 목재로 만들어졌다. van Werveke, *L'Horloge*를 참고하라.
7. de Solla Price, *Science*, 30쪽 이하에 따르면 "시계를 시간 측정의 역사에서 분리해 그 대신 아스트롤라베나 행성정위의 equatorium와 같은 더 오래되고 더 일찍 존재한 천문 모형의 역사와 연계해야 한다."
8. Thorndike, *Invention of the Mechanical Clock*, 242~243쪽, Lloyd, *Outstanding Clocks*, 1~9쪽, Zinner, *Frühzeit der Räderuhr*, 8~11쪽. 치너 Zinner 교수는 기계식 시계가 독일에서 발명되었을 가능성이 "꽤 크다(sehr wahrscheinlich)"고 보지만(Zinner, *Wurde die Räderuhr in Deutschland oder in Italien erfunden*, 19~22쪽) 결정적 증거는 제시되지 않았다.
9. 유럽에서 대포에 대한 최초의 언급은 1326년 피렌체의 한 문서에서 찾아볼 수 있다. 그 문서에서 우리는 시의회가 도시 방어를 위해 약간의 청동 대포와 쇠 포탄을 구입하기로 했다는 사실을 알 수 있다. 1320년대에 대포가 이미 사용되고 구입할 수 있었다면 대포의 "발명"은 13세기 말 즈음에 이뤄졌다고 추정할 수 있다.

10. Needham 외, *Heavenly Clockwork*, 197쪽.
11. 유럽에서 최초의 공공 시계가 등장한 곳과 등장한 시기에 관한 정보는 Zinner, *Ältesten Räderuhren und Modernen Sonnenuhren*, 26쪽 이하를 참고하라. Zinner, *Astronomische Instrumente*, 14쪽 이하도 보라.
12. Belgrano, *Antichi Orologi*, 31쪽.
13. Michel, *L'horloge de la Cathédrale de Beauvais*, Reverchon, *Hstoire de l'Horlogerie*, 32~33쪽.
14. Muratori, *Rerum Italicarum Scriptores*, vol. 12, col. 1011에 실린 Flamma, *Opuschulum*. Belgrano, *Antichi Orologi*, 32~33쪽.
15. Lecocq, *Horloges de Chartres*, 295쪽과 297~299쪽. Reverchon, *Histoire de l'Horlogerie*, 53쪽.
16. 파도바의 시계에 대해서는 Muratori, *Rerum Italicarum Scriptores*, vol. 16, col. 171과 vol. 12, col. 912에서 Vergerius와 Cortusius를 참고하라. 볼로냐에 대해서는 Muratori, *Rerum Italicarum Scriptores*, vol. 18, col. 172에서 de Griffonibus, *Memoriale*를, 페라라에 대해서는 Campori, *Orologieri*, 244쪽을 참고하라. Bilfinger, *Mittelalterlichen Horen*, 170~184쪽과 Belgrano, *Antichi Orolgi*, 33~46쪽도 보라.
17. Vidier, *Horloge du Palais*, 95쪽 이하.
18. Franklin, *Vie privée*, 61쪽. 1370년에 파리 왕궁 탑 가운데 하나에 세워진 시계의 기술적 특징에 대해서는 Robertson, *Evolution of Clockwork*, 49~66쪽과 Usher, *Mechanical Inventions*, 202~206쪽을 보라.
19. 예를 들어 Reverchon, *Histoire de l'Horlgerie*, 60~64쪽에 수록된 몽펠리에의 공공 시계 건축에 관한 1410년의 문서를 참고하라. 시계의 철제 장치에 2천 파운드가 나갈 것으로 예정되었고 시계 종의 무게 역시 약 2천 파운드로 예정되었다. 여기에 종 치는 사람 조각상과 다른 설비들이 추가되었다. 제작자들은 다해서 2백 "에퀴(escuts)"의 가격을 산정하고 여기에 "커다란 포도주 술통(muids de vin)" 두 통과 "밀가루(molons de ble)" 두 포대도 요구했다. 무수한 일화들은 도시가 공공 시계를 건립하기 위해 필요한 기금을 마련하는 데 애를 먹었다는 사실을 잘 보여준다. 여러 예 가운데 Fillet, *Horloges Publiques*, 107

쪽, Vial and Cote, *Horlogers Lyonnais*, 2~3쪽, Smith, *Scottish Clockmakers*, 235쪽 이하를 보라.

20. 프루아사르[Froissart]가 *Li orloge amoureuse*, 79~80쪽에 쓴 시가 전하는 것처럼

지키고 보살펴 줄 사람이 없으면
이 시계는 혼자서 돌아가지는 못하기에
누군가 그것을 유지해줘야 하니,
시계공은 아침 일찍이나 밤늦게
부지런히 시계를 보살피고 맞추며
다시금 추를 당겨서 본분을 수행케 하네

li orloge ne poet aler de soi
se il n'a qui le garde et qui en songne
pour ce il faut à sa propre besongne
un orlogier qui tart et tempre
diligamment l'administre, et attempre
le plons relieve et met à leur devoir

어떤 경우에는 시계를 제작한 수공업자가 그 시계의 관리인으로 임명되었다. 다시 말해, 시계를 구입하면 그 제작자까지 구입해야 한다는 소리였다. 1370년 파리 왕궁에 시계를 건립한 앙리 드 비크[Henry de Vic]는 아마도 그것의 첫 관리인이었을 것이다(Vidier, *Horloge du Palais*, 98~99쪽). 1480년대에 쥐라의 돌[Dôle]에 있는 공공 시계를 건설한 열쇠공 토마 르 비에[Thomas Le Viez]도 그 시계의 관리인으로 임명되었다(Brune, *Dictionnaire*, 165쪽, 브장송에 대해서는 같은 책 89쪽과 Du Chemin Anselet 항목을 보라). 베네치아의 산마르코 광장에 유명한 시계를 건설한 레조 출신 잔 카를로 라이니에리[Gian Carlo Rainieri]는 자신과 자식들에게 그 시계의 관리인 자리를 얻어냈다(Morpurgo, *Dizionario*, 157쪽). 만토바에서는 바르톨로메오 만프레디[Bartolomeo Manfredi]가 1470년대에 자신이 건립한 시계의 관리인으로 임명되었다(Davari, *Notizie storiche*, 221쪽). 리에주에서는 1523~1527년 사

이 생랑베르 성당에 새 시계를 제작한 "금속 세공인" 조르주 위스망[Georges Huysman]이 나중에 "시계 관리인(maitre de l'horloge)"으로 임명되었다. 리용에서는 다니엘 공[Daniel Gom]이 1650년대에 시청에 시계를 건설하고 그 관리인으로 임명되었다(Vial and Côte, *Horlogers Lyonnais*, 57쪽). 크리스토포로 간치노토[Cristoforo Ganzinotto]는 1660년대에 제노바에 공공 시계를 건립하고 역시 그 관리인으로 임명되었다(Belgrano, *Antichi Orologi*, 50~52쪽). 능력을 갖춘 후임 "관리인"을 찾는 일은 쉽지 않았다. 파비아 대학의 시계 관리인인 장인 토마스가 죽은 후 적당한 관리인을 찾을 수 없어서 "학생들이 들은 시각이 확실치 않을 때 교수들은 시계를 읽어줘야 했다(ut quibus horis legant doctores, quibus horis audiam scholares incertum sit)."(Mariani, *Vita universitaria*, 105쪽)

Gelis, *Horlogerie ancienne*, 48쪽에서 쓴 대로 "시계 관리인 자리는 한직이 아니었다. 관리인은 흔히 하루에 두 번씩 시계태엽을 감아야 했고 따라서 시계탑 꼭대기에 매일 두 번씩 올라가야 했다. 또 부품들이 매끄럽고 꼭 들어맞게 제작되지 않았기 때문에 수시로 기계에 기름을 쳐야 했다. 마지막으로 태엽을 감을 때마다 거의 언제나 시곗바늘(이나 바늘들)을 다시 맞춰야 했는데 반나절만 지나도 시계가 느려지거나 빨라졌기 때문이다." 장인 조반니 데 렌데나리아[Giovanni de Lendenaria]는 시계 관리인이 쉽지 않은 자리라는 사실을 잘 알았다. 1436년 1월 말에 그는 페라라 인근 카스트로노보 시계탑 계단 꼭대기에서 굴러떨어졌다. 여러 군데 뼈가 부러신 그는 수 주일이 시난 후에도 "손뼘이 쑤신 채로 여전히 병상에 누워 있었다(adhuc resupinus cum doloribus maximis jacet in lecto)."(Campori, *Orlogieri*, 262쪽).

21. 부유한 시민들은 종종 공공 시계를 제작하거나 기존의 시계를 유지하는 데 쓰도록 유산을 남겼다. Symonds, *English Clocks*, 15쪽을 보라.
22. Froissart, *Orloge amoureuses*, 53쪽.
23. Davari, *Notizie storiche*, 220쪽.
24. Vial and Côte, *Horlogers Lyonnais*, 4쪽.
25. Reverchon, *Histoire de l'horlogerie*, 52쪽.
26. Vial and Côte, *Horlogers Lyonnais*, 2쪽, 주 4.
27. Fillet, *Horloges Publiques*, 104~105쪽.

28. 영국 웰스 성당 시계를 말한다. Britten, *Old Clocks*, 12쪽을 보라.
29. Lloyd, *Outstanding Clocks*, 26쪽.
30. Veilliard, *Horloges et Horlogers Catalans*, 163쪽.
31. Sandoz, *Les maitres Horlogeurs aBesancon*, 32쪽.
32. Ungerer, *L'Horloge de Strasbourg*, 8~9쪽.
33. Rubliani, *L'orologio del Comune de Bologna*, 349~366쪽. 이것은 진정 예외적인 일이었다. 특히 코페르니쿠스의 발견이 있고 두 세기가 흐른 후에도 시간과 여타 사항들을 나타내기에 더 편리하다는 이유로 천문 시계 글자판에 "프톨레마이오스" 체계를 사용하는 것이 일반적이었다는 사실을 고려하면 더욱 그렇다. 글자판의 처음 가는 필수 요건인 "표지reference"로서 "코페르니쿠스" 체계는 쓸모가 없었다.
34. Ungerer, *Horloges astoromiques*와 Chapuis and Droz, *Automata*, 49~58쪽을 보라.
35. Belgrano, *Antichi Orologi*, 40쪽.
36. 밀라노 공작이자 파비아의 제후, 비르투 백작인 잔갈레아초 비스콘티Giangaleazzo Visconti를 말한다. 조반니 데 돈디Giovanni de' Dondi는 1372년에 갈레아초 2세의 초청을 받아 파비아 대학에서 가르쳤고 1383년에 잔갈레아초 비스콘티 공작에 의해 다시금 파비아에 초청받았다. 그는 "의학 박사"로서 잔갈레아초의 아들 아초Azzo를 치료했다. 조반니 데 돈디의 생애에 관해서는 Dondi, *Tractatus Astrarii*, 3~15쪽에 실린 A. Barzon, *Giovanni Dondi dell'Orologio*를 참고하라.
37. 프랑스 샤를 5세의 자문관이었던 Philippe de Maizières, *Le Songe du Vicil Pélerin adressant au Blanc Fancon à bec et pieds dorés*에서 인용. 이 대목은 *Histoire de l'Academie Royale des Inscriptions*, 16(1751년), 227~228쪽에도 수록되어 있다.
38. 15세기 중반으로 가면서 밀라노 공작은 뛰어난 명성을 누리던 천문학자이자 "(프랑스) 국왕 폐하를 모시던" 파리의 기욤William of Paris을 고용했다. 장인 기욤은 제한적으로나마 돈디의 "구"를 복원했다. Muratori, *Rerum Italicarum Scriptores*, vol. 24, col. 1164에서 Michael Savonarola 그리고 Caffi, *Castello*

di Pavia, 550쪽에 실린 문서를 참고하라. 돈디의 걸작의 우여곡절에 관해서는 Falconet, *Dissertation*, 400~401쪽과 Dondi, *Tractatus Astrarii*, 40~41쪽에 실린 Morpurgo, *L'Umanesimo Padovano e l'Astrario*를 보라.

39. Petrucci, *Il Ms. D. 39 della Biblioteca Capitolare di Padova*. Dondi, *Tractatus Astraii*, 45~176쪽에 실린 *Descrizione e Trascrizione*, 같은 책 177~195쪽에 실린 Francescato, *Glossario*, 같은 책 196쪽 이하에 실린 파도바 사본의 사진 도판, Thorndike, *Magic and Experimental Science*, vol. 3, 386~397쪽과 740~741쪽, Thorndike, *Milan Manuscripts*, 308~317쪽, White, *Medieval Technology*, 125~126쪽.

40. Lloyd, *Outstanding Clocks*, 24쪽.

41. White, *Medieval Technology*, 126쪽.

42. 1356년에 볼로냐의 시 청사Palazzo del Podesta에 공공 시계를 건립하기 위해서 20세 이상의 모든 시민에게 18페니의 세금이 부과되었다(Muratori, *Rerum Italicarum Scriptores*, vol. 18, col. 172에 실린 de Griffonibus, *Memoriale*). 1386년에 국왕은 리옹 시의회가 공공 시계를 건립하기 위해 부담금을 징수하는 것을 윤허했다. 그러나 이 경우에 소수의 시민들이 시계 건립 계획에 격렬히 반대했다(Vial and Côte, *Horlogers Lyonnais*, 3쪽). 남프랑스에서 공공 시계를 건립하기 위해 세금을 부과한 실례는 Fillet, *Horloges Publiques*, 105~111쪽에 인용되어 있다.

43. Labarte, *Inventaire*, 278~279쪽, 품목번호 2598. 1299년과 1300년에 페로튀Perrotus라고도 하는 금세공인 페트루스 피플라르Petrus Pipelard가 미남왕 필리프의 급료 지불 명단에 실려 있었는데 "그가 국왕을 위해 시계를 만들고 있었기 때문이다." 피플라르가 만든 시계가 나중에 샤를 5세의 수집품 목록에 등장하는 그 시계가 아닐까 한다.

44. Vielliard, *Horloges et Horlogers Catalans*, 165쪽에 따르면 "카탈루냐 문서고는 14세기 중반에 이미 휴대가 가능한 시계가 존재했음을 보여준다." 안타깝게도 이 진술은 다소 모호하다. 프랑스 샤를 5세의 급료 지불 명단에서는 1377년 11월 24일과 12월 23일자에 "짐의 시계공(nostre orlogeur)" 피에르 드 생트베아트Pierre de Sainte Béate에게 "휴대용 시계 한 점(un orloge portative)"과

"소형 시계 한 점(un petite aurloge)"에 대한 대가로 보수를 지불하라는 명령을 찾을 수 있다(Delisle, *Madements*, 763쪽 주 1522와 799쪽 주 1561).
피에르 드 생트베아트는 기계식 시계를 만드는 수공업자였고 사실 그는 아비뇽 교황청의 대형 시계 장치 대부분을 만들었다(Michel, *Premières horloges*, 216~217쪽). 1410년대 바젤의 저명한 상류층 인사 세 사람의 집에 관한 문서들을 보면 여러 가구 품목 가운데 (작은 시계) "orlogium", "höreley", "zitglockli"를 찾을 수 있다(Fallet-Scheurer, *Uhrmackerkunst in Basel*, 73쪽).

45. de Pisan, *Charles V*, vol. I, 609쪽.
46. Morpurgo, *Ruote o molle*, 31~32쪽. Morpurgo, *Dizionario*, 33쪽도 보라.
47. Michel, *Horloge de sapience*, 297~298쪽.
48. Zinner, *Frühzeit der Räderuhr*, 17쪽은 1406년 프랑스 세밀화(파리 국립문서고, 문서 번호 426)에 묘사된 시계가 태엽으로 돌아가는 시계라고 주장한다. 그러나 세밀화는 시계 내부나 그 작동 방식을 보여주지 않으며 치너 교수의 진술은 시계의 외부 형태에만 근거한 것이다. 치너 교수에 따르면 피에르 드 생트베아트가 1370년대에 만든 "휴대용 시계(orloge portative)"(앞의 주 44를 참고하라)는 "아마도(wahrscheinlich)" 태엽으로 돌아가는 시계였을 것이다.
49. Lloyd, *Outstanding Clocks*, 30~32쪽.
50. Douet-D'Arcq, *Comptes de l'hotel des rois*, 388쪽.
51. 이 초상화에 관해서는 Gelis, *Horlogerie ancienne*, 4~6쪽을 보라.
52. 회중시계는 15세기 말이나 16세기 초에 등장했다. 그 문제에 관해서는 Morpurgo, *L'orologio tascabile*, Reverchon, *Histoire de l'horlogerie*, 67~68쪽을 보라. 1장 주 126도 보라. 시계는 수집가들의 수집 대상이기도 했다. 프랑수아 1세의 대신인 플로리몽 로베르테 Florimond Robertet(1457~1532년)의 예술품 소장 목록에는 "열두 점의 시계가 있는데 그 가운데 일곱 점은 종을 치는 시계로 (…) 금을 입힌 가죽을 씌운 큰 시계는 행성과 별자리, 천체의 운동을 보여주었다."(Gresy, *Inventaire*, 27~28쪽) 16세기에 신성로마제국 황제 카를 5세가 소장한 시계 목록은 매우 유명했다.
53. 16세기 중반부터 수정 케이스에 담긴 값비싼 시계와 케이스를 정교하게 깎아내거나 구멍을 뚫은 시계, 케이스에 에나멜 칠을 한 고가의 시계들이 발견된

다. 십자가상 시계(Britten, *Old Clocks*, 32쪽, 도판 16)나 십자가, 해골, 개, 사자, 토끼, 비둘기 모양 회중시계(Jaquet and Chapuis, *Montre Suisse*, 도판 12, 13, 14) 등 기이한 형태로 제작된 시계도 만날 수 있다. 천문 회중시계도 만들어졌다. Jaquet and Chapuis, *Montre Suisse*, 도판 15, 16, 17.

54. Defossez, *Les Savants*, 52~71쪽, Lloyd, *Outstanding Clocks*, 61~69쪽.
55. Bertele, *Precision Timekeeping*, 801쪽.
56. Henrard, *Documents*, 169쪽.
57. Fillet, *Horloges Publiques*, 104쪽.
58. Belgrano, *Antichi Orologi*, 54쪽 주.
59. Motta, *Musici*, 529쪽.
60. Babel, *Histoire, corporative de l'horlogerie*, 46쪽.
61. Pieris and Fitzler, *Ceylon*, vol. I, 299쪽.
62. 시계공 가운데는 이따금 날붙이공(Vidier, *Horloge du Palais*, 98쪽, 주 5와 Vial and Côte, *Horlogers Lyonnais*, 58쪽)과 항해 기구 제작자(Vielliard, *Horlogers Catalans*, 166쪽), 석궁 제작자(Campori, *Orologieri*, 247쪽)도 있었다. 13세기 말에 금세공인이자 시계공이었던 피에르 피플라르Pierre Pipelard에 관해서는 앞의 주 43을 보라. 유명한 시계공조차도 때로는 "시계공"으로, 때로는 "금속 세공인"으로 불렸다. 아마도 바젤 성당의 최초의 시계를 만들었고 스트라스부르 성당 시계탑에서 작업했으며(1372년) 루체른 최초의 공공 시계를 건설한(1385년) 바젤 출신 하인리히 할더Heinrich Halder는 문서에서 때로는 "시계공(horologifex)"으로, 때로는 "자물쇠공(schlosser)"으로, 때로는 "금속 세공인(fabrum)"으로 불렸다 (Fallet-Scheurer, *Uhrmacherkunst in Basel*, 77~80쪽).
63. Liisberg, *Urmagare og Ure*, 137쪽.
64. Smith, *Scottish Clockmakers*, 125쪽.
65. Fallet-Scheurer, *Uhrmacherkunst in Basel*, 102~103쪽과 152~153쪽.
66. Rachel, *Das Berliner Wirtschaftsleben*, 197쪽.
67. Vielliard, *Horloges et Horlogers Catalans*, 166쪽.
68. Lloyd, *Outstanding Clocks*, 25쪽.
69. *Calendar of the Patent Rolls*, Edward III, 1368년 5월 4일자.

70. Lloyd, *Outstanding Clocks*, 6쪽.
71. Michel, *Premières horloges*, 215쪽.
72. Sidenbladh, *Urmakare i Sverige*, 9쪽. 바스테나 출신 수도사 페트루스 아스트로노무스 Petrus Astronomus는 독일에서 출생했고 1506년에 스웨덴 웁살라에서 살고 있었다(Bring, *Biography of Polhem*, 15쪽을 보라).
73. Smith, *Scottish Clockmakers*, 2쪽.
74. 이런 식의 용법에서 "독일 Germany"이란 표현은 스위스 대부분과 저지대 지방 북부와 남부, 알자스, 로렌, 오스트리아, 티롤을 아우른다. 아래 주 75도 참고하라.
75. 파리의 앙리 드 비크의 시계에 대해서는 Vidier, *Horloge du Palais*, 95~96쪽을 보라. 앙리 드 비크는 로렌(당시 독일 신성로마제국의 일부), 더 정확히는 비크쉬르세이유(모젤 지방)나 뷔르템베르크 또는 라인 강 지역 출신일지도 모른다 (Robertson, *Evolution of Clockwork*, 50쪽).
장 달레마뉴 Jehan d'Alemaigne와 그가 프랑스 왕비를 위해 제작한 작품에 관해서는 de Laborde, *Notice des émaux*, vol. 2, 415쪽을 보라. 15세기와 16세기에 브장송에서 활동한 독일 자물쇠공-시계공에 관해서는 Sandoz, *Maîtres horlogeurs*, 5쪽과 7쪽을 보라. 정교한 천문 시계를 제작하기 위해 1650년까지도 독일 시계공들이 리옹으로 초빙되었다(Vial and Côte, *Horlogers Lyonnais*, 56쪽을 보라).
76. 롬바르디아에서 활동한 독일 시계공에 대해서는 N.N., *Tedeschi in Milano*, 997쪽, 주 2, P.P., *L'Orologio dell'Ospedale*, 687~688쪽, Canetta, *Vicende edilizie*, 351쪽 등을 보라. 로마와 다른 이탈리아 도시에서 활동한 독일 시계공에 대해서는 Zinner, *Wurde die Räderuhr in Deutschland oder in Italien erfunden*, 17~22쪽과 Morpugo, *Dizionario* 여기저기를 보라. 1402년 페라라에서는 콘라두스 테오토니쿠스 Conradus Teotonicus라는 장인이 "트럼펫을 부는 천사와 별, 여러 신기한 장치(cum angelo, tuba, stella et aliis ingeniosis artificiis)"가 달린 정교한 공공 시계를 건립하는 일을 맡았다. 그러나 시간이 흐르면서 그는 자기가 임무를 완수할 수 없다는 사실을 깨닫고 사라졌다. "구상을 실현해 미완의 작품을 완성할 수 없어서 장인은 도망쳤다(non capax industriae ad per-

fectionem concepti magisterii infecto opere se absentavit per fugam)."(Muratori, *Rerum Italicarum Scriptores*, vol. 18, col. 973에 실린 de Layto, *Annales*)

77. 바젤 출신 하인리히 할더는 1370년대 초반에 스트라스부르 성당 시계에서 작업했고 루체른의 첫 공공 시계를 건설했으며(1385년) 고향 바젤 성당의 시계도 1360년대에 그가 만든 것으로 추정된다(Fallet-Scheurer, *Uhrmacherkunst in Basel*, 77~80쪽을 보라). 파리 왕궁의 첫 시계는 "독일" 출신 앙리 드 비크가 1370년에 건립했다(앞의 주 75를 보라). 아비뇽 교황청의 시계들 가운데 하나는 이 시계를 위해 파리에서 아비뇽으로 온 시계공 페트루스 데 산타베아타Petrus de Santa Beata가 1374~1375년에 건설했다. 앙제의 시영 시계는 프랑스 국왕이 파리에서 앙제로 파견한 국왕의 "시계 장인(maistre orlogeur)" 피에르 메를랭Pierre Merlin이 1380년대에 건립했다(Michel, *Horloges du Palais Pontifical*, 216~217쪽). 15세기 초 프리부르의 장인 피에르 쿠드리팽Pierre Cudrifin은 공공 시계를 건립하도록 프랑스의 로망 사람들에게 초대되었다(Fillet, *Horloges Publiques*, 105쪽). 그러나 1353년에 한 공공 시계는 밀라노에서 제작된 후 제노바로 옮겨지기도 했다. 이것은 사실 제노바 사람들이 처음 갖게 된 기계식 공공 시계였다(Belgrano, *Antichi Orologi*, 45~46쪽을 보라). 16세기에 들어서면 더 많은 대형 공공 시계들이 한 곳에서 만들어져 다른 곳으로 옮겨졌다. 베네치아 산마르코 광장의 유명한 시계는 15세기 말에 레조에서 만들어진 후 베네치아로 운송되었다(Morpurgo *Dizionario*, 157쪽). 다른 예로는 Fallet-Scheurer, *Uhrmacherkunst in Basel*, 98~99쪽을 보라.

78. 1470년대에 토스카나에 머무는 동안 만토바 후작은 피렌체에서 자신의 휴대용 시계를 수리할 만한 시계공도, 그곳에서 판매되는 휴대용 시계도 찾을 수 없었다(Bertolotti, *Arti minori*, 290쪽). 16세기 초에 제네바에는 생피에르 교회의 시계를 고칠 만한 시계공이 없었고(Babel, *Histoire corporative*, 41쪽) 브장송에서 시정 관리들은 생테티엔 교회의 시계를 고칠 만한 시계공이 도시에 없어서 디종에서 시계공을 불러와야만 했다(Sandoz, *Maîtres horlogeurs à Besancon*, 10쪽). 1530년대에 바젤 시는 시영 시계를 수리하기 위해 린하르트 슈타인뮐러Lienhard Steinmüller를 고용해야 했다. 그는 교회 개혁가 외콜롬파트Oekolompad의 긴 코를 놀린 적이 있는 데다 툭하면 다투기를 좋아하는 폭력적인 사람으로 여겨졌지만 숙련 시계

공이었기 때문에 어쩔 수 없었다(Fallet-Scheurer, *Uhrmacherkunst in Basel*, 101쪽).
시계 제작 기술의 공급뿐만 아니라 수요도 충분하지 못했다고 할 때, 이러한 사실은 시계공이 일반적으로 부유하지 못했던 이유를 설명한다. 1435년에 페라라 공공 시계의 관리인은 "매우 가난했다(vir pauperrimus)."(Campori, *Orologieri*, 246쪽) 1450년 무렵에 제네바에 살고 있던 한 시계공도 그보다 나을 게 없었다(Babel, *Histoire de Geneve*, vol. 2, 109쪽). 물론 국왕이나 인심이 후한 제후들을 위해 일한 시계공들은 때로 훨씬 좋은 경제적 여건을 누릴 수 있었다. 16세기와 17세기에 대해서는 1장 주 98을 보라.

79. 1544년 7월에 "파리에 거주하는 시계 장인" 7명은 파리 시계공 길드를 조직하는 것을 허락하는 국왕의 특허장을 얻었다(Lespinasse, *Métiers et corporations*, vol. 3, 546쪽과 549~552쪽). 국왕의 특허장 발부에 맞춰 "파리 시에 공방을 운영하며 활동하는" 시계 장인의 이름을 적은 목록이 마련되었다. 이 인명록은 장인들이 이전에 만들었거나 길드에 가입을 허락받기 위해서 만들어내야 하는 "작품"들도 보여준다. 1545년 9월자 문서(파리 국립문서보관서, Y6⁵, fol. 109)는 20명의 장인을 언급한다. 2명의 이름 위에는 "작품을 만들어내지 못하고 사망함"이라고 적혀 있다. 그러나 나중에 다른 2명의 이름이 인명록에 추가되었다. 1549년에 앙리 2세의 파리 입성을 축하하는 행렬에는 10명의 시계공이 있었지만(Lespinasse, *Métiers et corporations*, vol. 3, 547쪽) 길드 조합원이 그 10명이 전부는 아니었을 것이다. 1590년대에 한 이탈리아 방문객은 파리에 시계공 공방이 22곳이 있다고 기록했다(Raynaud, *Paris*, 166쪽을 보라).

80. 1646년에 승인된 길드의 새 규약은 파리의 시계 장인 숫자를 72명으로 제한했다(Lespinasse, *Métiers et corporations*, vol. 3, 555쪽을 보라).

81. Develle, *Horlogers Blésois*, 20~21쪽.

82. Vial and Côte, *Horlogers Lyonnais*, 11쪽과 22쪽.

83. Babel, *Histoire corporative de l'horlogerie*, 390쪽 이하.

84. 이 책의 94쪽을 참고하라.

85. 1610년 아우크스부르크 인구 조사에 따르면 도시에 40명의 시계공이 있었다. 1615년의 또 다른 인구 조사 대장은 43명의 시계공의 이름과 43명의 직인(아우크스부르크 시민이 아님)의 존재를 알려준다. 1619년의 인구 조사 대장은 다시

금 43명의 시계공이 있었음을 알려준다. 이 정보는 아우크스부르크 시립문서고의 H. F. 다이닝거^{H. F. Deininger} 박사가 친절히 알려준 것이다.

86. 아래 1장 주 157과 162를 참고하라.
87. 파리에 관해서는 Franklin, *Vie privée*, 81쪽 이하 그리고 Lespinasse, *Metiers et Corporations*, vol. 3, 546쪽 이하를 보라. 블루아에 관해서는 Develle, *Horlogers Blésois*, 38쪽, 제네바에 관해서는 Babel, *Histoire corporative de l'horlogerie*, 56쪽 이하, 툴루즈에 관해서는 Du Bourg, *Corporations de Toulouse* (no. 14), 80쪽, 런던에 관해서는 Atkins and Overall, *Company of Clockmakers*, 4쪽 이하, 리옹에 관해서는 Vial and Côte, *Horlogers Lyonnais*, 22쪽 이하, 헤이그에 관해서는 Hoogewerff, *St. Lucasgilden*, 120쪽과 Ottema, *Uurwerkmakerskunst in Friesland*, 77쪽, 스톡홀름에 관해서는 Sidenbladh, *Unnakare i Sverige*, 10쪽 이하, 코펜하겐에 관해서는 Liisberg, *Urmagare og Ure i Danmark*, 183~184쪽을 보라.
88. 스위스 바젤에서 시계공들은 항상 "대장장이 길드(Schmiedenzunft)"에 속해 있었다. Fallet-Scheurer, *Uhrmacherkunst in Basel*, 95~96쪽, 133~136쪽을 보라. 17세기 초에 시계공이 비교적 많았던 아우크스부르크(앞의 주 85를 보라)에서도 시계공들은 언제나 21가지 종류의 직업을 포함한 금속 세공인 길드에 속해 있었다(이 정보는 다이닝거 박사가 친절히 알려준 것이다). 뉘른베르크에서는 도시에서 통용되는 일반적인 규정에 따라 시계공은 자신들만의 길드를 조직할 수 없었다. 에든버러와 글래스고에서 시계공들은 길드에서 배제되었고 1650년에 되어서야 마침내 단조공 조합^{Hammermen's Incorporation}에 받아들여졌다. 여기에 대해서는 Smith, *Scottish Clockmakers*, xii쪽을 보라.
89. 1618년 스코틀랜드 애버딘에서는 공공 시계를 다룰 "숙련공이 부족"했다 (Smith, *Scottish Clockmakers*, 4쪽). 브장송과 아비뇽, 브로 에 마이에^{Broc et Mayer}에서는 1670년대와 1680년대, 1690년대까지도 숙련공이 부족했기 때문에 자물쇠공과 심지어 공증인, 교사마저도 현지 공공 시계의 "관리인"으로 임명되었다 (Galliot, *Horloger en Franche-Cointé*, vol. 1, 34쪽 이하 그리고 151쪽 이하, Fillet, *Horloges Publiques*, 116쪽. Sandoz, *Maîtres horlogeurs à Besancon*, 10쪽도 보라). 1735년에 몽벨리아르에서는 "이 고장을 통틀어 대형 시계를 만들거나 수리할 줄 아는 숙

련공을 단 한 명도 찾을 수 없었다." 결국 뷔르템베르크 출신 장 레이샤르Jean Reichart라는 사람이 "생마르탱 교회에 새 시계"를 건립하기 위해 몽벨리아르로 초청되었다(Galliot, *Horloger en Franche-Comté*, vol. 1, 147쪽). 베를린에서는 1730년대까지도 시계와 회중시계를 수리하는 사람은 일반적으로 자물쇠공이었다. Rachel, *Berliner Wirtschaftsleben*, 197쪽을 보라.

90. 16세기와 17세기 동안 베네치아와 로마는 아마도 이탈리아에서 전문 시계공이 가장 많은 곳이었을 것이다. 그러나 1661년과 1712년에 베네치아에는 "시계공(rollogieri)"이 고작 6명밖에 없었다(이 정보는 D. 벨트라미 교수한테 얻은 것이다. D. Beltrami, *Storia della popolazione di Venezia*, 207쪽, 주 27을 보라. 1712년에 관해서는 Fanfani, *Storia del lavoro*, 115쪽도 보라). 1797년 베네치아에 관한 한 보고서(베네치아 시립문서고, *Inquisitorato alle Arti*, B. 2)에는 베네치아의 "시계공은 자기 길드가 없다. (…) 실력도 보잘것없으며 진짜로 시계나 회중시계를 만들 줄 아는 사람은 극히 드물다. 길드의 부재는 이 직업의 수준이 낮은 이유일지도 모른다. (…) 그들은 대부분 시계를 만들기보다는 수리만 한다." 동일한 보고서에 따르면 1797년에 베네치아에는 22곳의 시계 공방이 있었고 29명의 장인과 10명의 직공, 6명의 보조인이 있었다. 1622년에 로마에 있었던 상점과 공방을 기록한 목록은 시계공 공방을 전혀 언급하지 않는다(Fanfani, *Storia del Lavoro*, 110쪽). 1527년에 밀라노에서 작성된 징세 가능 인구 대장은 시계공을 전혀 언급하지 않는다(Barbieri, *I redditi dei Milanesi*, 768~769쪽). 1522년 피렌체의 인구 대장은 딱 1명의 "회중시계 수리공(acconcia oriuoli)"을 언급한다(Battara, *Popolazione di Firenze*, 56쪽). 1502년과 1616년 베로나의 인구조사에서도 시계공은 찾을 수 없다(Fanfani, *Storia del lavoro*, 111쪽).

피렌체와 로마, 베네치아, 밀라노의 시계공은 자신들만의 길드가 없었다.

91. Campori, *Orolgieri*, 특히 251~259쪽을 보라. Morpurgo, *Orologiai della Volpaia*, 23~26쪽과 Morpurgo, *Dizionario*, 여기저기도 참고.

92. Cipolla, *Economic Decline of Italy*.

93. Campori, *Orologieri*, 249~259쪽, Bedini, *Johan Philipp Treffler*, Bedini, *Agent for the Archduke*. 페사로 출신 피에트로 그리피Pietro Griffi의 경우는 전형적이다. 그는 16세기 말에 우르비노Urbino 공작 아래 있었다. 그리피는 뛰어

난 시계공이었고 공작은 그가 다른 사람을 위해 일하는 것을 허락하지 않았다(Morpurgo, *Dizionario*, 99쪽).

94. Britten, *Old Clocks*, 22~64쪽. 브리튼은 1550년부터 1650년까지 유럽의 시계공들이 기술상에서 아무런 의미 있는 진보도 이루지 못했다고 썼다. 하지만 16세기 말에 전통적인 탈진기를 향상하고자 애쓴 요스트 보데커^{Jost Bodeker}와 요스트 뷔르기^{Jost Bürgi}의 공헌을 간과해서는 안 된다(Zinner, *Astronomische Instrumente*, 22쪽과 Bertele, *Precision Time-Keeping*, 794~816쪽).

95. 16세기 전에 시계공 가운데 금세공인과 보석 세공인은 많지 않았다. 반대로 16세기와 17세기에는 금세공인인 시계공이나 반대로 시계공인 금세공인을 많이 만날 수 있다(일례로 Babel, *Histoire corporative de l'horlogerie*, 43쪽과 Vial and Côte, *Horlogers Lyonnais*, 12쪽을 보라). 그러나 금세공인과 시계공이 각자의 길드에 속해 있는 시계 제작 중심지에서는 조직이 일반적으로 두 가지 직업 활동을 병행하는 것을 금지했으며 길드들은 끊임없이 다퉜다(여러 저작 중에서도 Babel, *Histoire corporative de l'horlogerie*, 305~318쪽, Vial and Côte, *Horlogers Lyonnais*, 26쪽, Develle, *Horlogers Blésois*, 360쪽, Galliot, *Horloger en Franche-Comté*, vol. 1, 59쪽 이하와 148쪽 이하, 그 외 여기저기를 보라).

96. 베네치아에서 16세기 말에 가면 소형 시계와 회중시계를 만드는 시계공들은 대형 시계를 만드는 시계공으로 오인되고 싶지 않았고 만토바 대사의 보고서에 따르면 "커다란 철제 시계로 자신들의 손을 더럽히고 싶지 않았다."(Bertolotti, *Arti minori della corte di Mantova*, 504쪽)

97. 값비싼 시계에 대한 상세한 묘사를 담은 16세기와 17세기 블루아의 시계 장인 공방의 제품 목록은 Develle, *Horlogers Blésois*, 155쪽 이하에 실려 있다. 제네바에 관해서는 Babel, *Histoire corporative de l'horlogerie*, 512쪽, 리옹에 관해서는 Vial and Côte, *Horlogers Lyonnais*, 8~9쪽을 보라.

98. "최고의 시계 장인(horologiorum artifex optimus)"으로 명성이 자자한 장인 조반니 파올로 라이니에리^{Giovanni Paolo Rainieri}는 페라라의 알폰소 공작 1세의 총애를 받았고 1491년과 1499년, 1505년에 자신과 상속인들의 세금과 각종 부담을 일체 면제받았다. 벤베누토 첼리니^{Benvenuto Cellini}에 따르면 "탁월한 시계의 명인(maestro di oriuoli eccellentissim)"인 장인 케루비노^{Cherubino}는 16세기 전반

기에 교황을 위해 일했다. 그 대가로 그는 성직록이 딸린 성당 참사회원 자리를 하사받았다(Campori, *Orologieri*, 249~250쪽).
99. Babel, *Histoire corporative de l'horlogerie*, 445, 455쪽 이하와 여러 군데. 비알Vial과 코트Côte(*Horlogers Lyonnais*, 14쪽과 21쪽)에 따르면 17세기에 리옹의 시계공들은 경제적 여건이 괜찮았지만 그 가운데 극소수만이 자신이 사는 집의 집주인이었다(같은 책, 19쪽).
100. 바젤에 관해서는 Fallet-Scheurer, *Uhrmacherkunst in Basel*, 154쪽을 보라. 17세기 툴루즈의 시계공들은 경제적 처지가 그리 좋지 못했던 것 같다. du Bourg, *Corporations de Toulouse* (no. 14), 80쪽을 참고. 1604년 브장송에서 한 시계공은 여인숙을 운영해도 된다는 허가를 받았는데 시계공 수입만으로는 생계가 여의치 않았기 때문인 듯하다(Galliot, *Horloger en Fanche-Comté*, vol. 1, 39쪽).
101. Lespinasse, *Métiers et Corporations*, vol. 1, 94~96쪽.
102. Oldewelt, *De beroepsstructuur van de bevolking der Hollandse*, 81, 82, 83쪽.
103. 1674년에 로테르담과 레이던의 시계공들이 실제로 낸 세금을 보면, 이 수공업자들이 이 일반적인 분류표에서 가리키는 것처럼 위에서 두 번째 집단이었다기보다는 대체로 소득 수준이 가장 낮은 집단이었음을 알 수 있다. Oldewelt, *De beroepstructuur van de bevolking der Hollandse*, 80쪽 이하 참조.
104. 수학과 천문학 박사인 바르톨로메오 만프레디는 15세기에 이탈리아 만토바에 공공 시계를 건립했다(Bertolotti, *Arti Minori*, 289쪽). 크레티앵 에를랭Chrétien Herlin과 콘라드 다시포디우스Conrad Dasypodius에 관해서는 1장 주 116을 참고하라.
105. 속인 숙련공이 드물지 않았던 곳에서도 수도사들은 종종 시계를 다뤘다. 1395년에 이탈리아 포를리에서 공공 시계는 도미니크회 수도사 가스파로Gasparo가 건립했다(Belgrano, *Antichi Orlogi*, 39쪽). 1360년대에 프랑스 아비뇽의 시계 가운데 하나는 베네치아 출신 수도사가 만든 것이었다(앞의 주 71을 참고). 14세기에서 17세기를 거치면서 무수히 많은 수도사들과 예수회원들이 측시학적 문제를 두고 씨름했으며 여기에 대해서는 Morpurgo, *Dizionario*

여기저기를 보라.
106. 리옹에 대해서는 Vial and Côte, *Horlogers Lyonnais*, 29~97쪽, 블루아에 대해서는 Develle, *Horlogers Blesois*, 214~450쪽을 보라. 높은 비율로 부자가 대를 이어 시계공이 되었다는 본문의 언급은 부풀려지고 치우친 것이다. 즉 시학의 역사에 대해서 쓴 저자들이 시계공의 아버지의 직업을 파악할 때 그 아버지도 시계공인 경우 특히 더 쉽게 알 수 있었기 때문이다. 리옹의 경우 비알과 쿠트, 블루아의 경우 드벨Develle이 수집한 약력들을 보면 시계공 장인들은 흔히 시계공의 딸과 결혼했다는 사실도 알 수 있다.
107. Babel, *Histoire corporative de l'horlogerie*, 68, 418, 419쪽.
108. Britten, *Old Clocks*, 276, 286, 288쪽.
109. Develle, *Horlogers Blésois*, 262쪽.
110. Fallet-Scheurer, *Uhrmacherkunst in Basel*, 152~153쪽.
111. Babel, *Histoire corporative de l'horlogerie*, 64~65쪽과 곳곳.
112. Babel, *Histoire corporative de l'horlogerie*, 80쪽 이하와 186쪽 이하, Vial and Côte, *Horlogers Lyonnais*, 26쪽.
113. 길드에서 시계공의 아들인 경우 다른 지원자들보다 가입비가 더 낮았다(Vial and Côte, *Horlogers Lyonnais*, 85쪽과 199쪽). 파리에서 1646년의 길드 규약은 도시의 장인 시계공 숫자가 72명을 넘지 않게 하고 "가급적이면" 시계공의 아들을 장인 회원으로 받아들이도록 규정했다(Lespinasse, *Métiers et Corporations*, vol. 3, 555쪽, art. 7). 블루아에서도 마찬가지로 길드 규약에 따라 시계공 장인의 아들들이 더 대우받았으며 그들이 장인으로 인정받기도 더 쉬웠다(Develle, *Horlogers Blésois*, 39쪽). 몽벨리아르에 관해서는 Galliot, *Horloger en Franche-Comté*, vol. 1, 130쪽을 보라.
나는 본문에서 16세기와 17세기에 리옹과 블루아에서 활동한 대부분의 시계공들이 시계공의 아들이었다고 이미 언급했다. 16세기와 17세기, 18세기에 시계공 "왕조"의 사례가 흔했다는 사실도 덧붙여야겠다. 리옹에서는 몽맹Montmains, 누리송Nourissons, 누아톨롱 가문Noytolons(Vial and Côte, *Horlogers Lyonnais*, 73쪽 이하와 79쪽 이하, 85쪽 이하), 스위스에서는 하브레히트 가문Habrechts(Ungerer, *Les Habrechts*), 스위스 바젤의 슈타인뮐러 가문Steinmüller(Fallet-

Scheurer, *Uhrmacherkunst in Basel*, 101쪽), 프랑스 블루아의 퀴페르 가문 Cupers(Develle, *Horlogers Blésois*, 22~23쪽), 영국의 프로만틸Fromanteels, 닙Knibbs, 아널드Arnolds, 페리골 가문Perigals(Britten, *Old Clocks*, 272~273쪽, 289쪽, Page, *County of Middlesex*, vol. 2, 160쪽), 프리슬란트 레이우아르던의 하크마 가문 Haakmas(Ottema, *Geschiedenis*, 20~22쪽), 피렌체의 델라 볼파이아 가문Della Volpaia(Morpurgo, *Orologiai della Volpaia*, 23~26쪽), 우르비노의 바로치 가문 Barocci(Morpurgo, *Dizionario*, 22~24쪽), 리에주의 드 베프브 가문De Befves(Pholien, *L'horlogerie au pays de Liége*, 77쪽 이하)을 예로 들 수 있다.

114. Vasari, *Vite*, vol. 1, 593쪽. 앞의 주 41도 참고하라.
115. Morpurgo, *Orologiai della Volpaia*, 23~26쪽, Morpurgo, *Dizionario*, 201~204쪽.
116. Ungerer, *Horloge astronomique de Strasbourg*, 14쪽 이하.
117. Defossez, *Les savants*, 54~55쪽.
118. Defossez, *Les savants*, 여기저기.
119. 어떤 시계공들은 플라네타륨을 제작할 때 전문 학자들과 협력한 한편, 어떤 시계공들은 정밀 기구에 들어갈 특수한 렌즈를 준비했다(Daumas, *Les Instruments scientifiques*, 95~96쪽과 114쪽을 보라). 기술 학회(Societé des Arts)라는 이름으로 1726년에 파리에 설립된 아카데미에서는 클레로Clairault, 놀레Nollet, 라모 Rameau 같은 전문 과학자들과 설리Sully, 쥘리앵 르 루아Julien Le Roy, 피에르 르 루아Pierre Le Roy 같은 시계공들이 있었다(Venturi, *Orogini dell'Enciclopedia*, 14~15쪽).
120. 1586년에 요스트 뷔르기는 일일 오차 범위가 ±30초인 시계를 제작했다 (Bertele, *Precision Time-Keeping*, 801쪽). 1659년 8월 21일에 빈첸초 비비아니 Vicenzo Viviani가 레오폴도 데 메디치 공에게 쓴 편지에 따르면 시계공 트레플러 Treffler가 "그보다 더 작은 단위로 나눠 시간을 표시한 굉장히 정확한 (시계를) 여러 점 제작했는데 여러 날이 지나도 그 시계들 사이에 1분도 차이가 나지 않았다."(Bedini, *Agent for the Archduke*, 155쪽) 1662년 2월 24일자 편지에서 하위헌스는 그의 시계 가운데 하나가 "넉 달 넘게 1분의 오차를 넘지 않고 작동 했다."라고 썼다. 이것은 24시간 평균 오차가 0.5초였음을 의미한다(Defossez,

Les savants, 242쪽). 위에서 언급한 사례들은 그래프에 표시된 것보다 당시 시계들의 정확도가 훨씬 우수했다는 것을 보여준다.

회중시계는 일반 시계보다 정확도가 떨어졌다. 1671년까지도 소형 회중시계를 거래하는 상인들은 시계공 장인으로부터 일일 오차가 1시간을 넘지 않은 제품을 얻을 수 있으면 만족했다(Jaquet and Chapuis, *Montre suisse*, 42쪽). 회중시계에서 정확도가 결정적으로 향상된 계기는 1675년 나선 균형 태엽의 발명이다(Britten, *Old Clocks*, 73~76쪽).

121. Daumas, *Instruments scientifiques*, 155쪽 이하.
122. 매우 의미심장하게도 1667년에 "직업상 수학 기구를 제작하는" "사람들은 (…) 런던 시계공 형제회에 가입이 허용되었다."(Atkins and Overall, *Company of Clockmakers*, 114쪽 참고)
123. Cary, *Discourse on Trade*, 21쪽.
124. Babel, *Histoire corporative de l'horlogerie*, 38쪽, 주 1.
125. 뉘른베르크에 대해서는 Frischholz, *Nürnberg*, 252~253쪽, 아우크스부르크는 N.N., *Das Augsburger Uhrmachergewerbe*, Zinner, *Die Ausgsburger Uhrmacherei*를 참고하라.
126. 1521년에 J. 코흘로이스^{J. Cochlaeus}의 언급은 회중시계가 16세기 초에 나타났고 그 발명가는 뉘른베르크의 페터 헨라인^{Peter Henlein}임을 입증하는 근거로 흔히 제시되었다(여러 저작 가운데 Gumbel, *Peter Henlein*, Schultheiss, *Peter Henlein*을 보라). 일부 저자들은 여전히 이 주장을 지지하지만(Zinner, *Fruhzeit der Räderuhr*, 20~26쪽) 다른 저자들은 회중시계가 페터 헨라인 시대보다 이전에 만들어졌다는 사실을 탄탄한 증거를 토대로 설득력 있게 제시하고 있다 (Morpurgo, *Orologio Tascabile*, Reverchon, *Histoire de l'horlogerie*, 68~69쪽을 보라).
127. 앞의 주 85를 보라.
128. 1580년대에 덴마크 왕실은 뉘른베르크에서 제작된 시계를 많이 사들였고 (Liisberg, *Urmagare go Ure i Danmark*, 138~140쪽) 아우크스부르크산 시계는 스웨덴 왕들이 구입했다(N.N., *Un eccezionale orologio del 1585*, 43쪽). 17세기 초에 니콜라 트리고^{Nicolas Trigault} 신부는 아우크스부르크로 가서 "도시 시계탑에 걸린 크기만 한(iustae magnitudinis ut in turribus urbium exponantur)" 시계 15점

을 구입했는데 중국에 가져갈 용도였다(Lamalle, *la propagande du P. Nicolas Trigault*, 101쪽).
129. Garzoni, *Piazza Universale*, 625쪽. 1606년 제노바 산로렌초 교회의 평의원들은 교회에 더 좋은 새 시계를 설치하기 위해 "독일 지방에(in partibus germanicis)" 가서 찾아보기로 했다(Belgrano, *Antichi Orologi*, 49쪽).
130. Moryson, *Itinerary*, 372쪽.
131. 이 정보는 다이닝거 박사가 친절히 알려준 것이다. 뉘른베르크에 대해서는 Frischholz, *Nürnberg*, 258~259쪽을 참고하라. 그러나 아우크스부르크는 17세기 후반기와 특히 18세기를 거치면서 상당히 회복되었다. 대략 1690년과 1720년 사이에 아우크스부르크에는 20명에서 40명가량의 시계공이 있었고(N.N., *Augsburger Uhrmachergewerbe*, 205쪽) 18세기 전반에 사바리 데 브뤼슬롱Savary des Bruslons은 "아우크스부르크에서는 매우 평범한 품질의 시계가 많이 만들어진다."고 언급한다(*Dictionnaire*, vol. 3, col. 342). 1809년의 인구 대장에는 56명의 시계공이 기록되어 있다.
132. Develle, *Horlogers Blésois*에 인용된 여러 일화들은 이를 효과적으로 예시해 준다. Babel, *Histoire corporative de l'horlogerie*, 46~52쪽(샤를 퀴쟁Charles Cusin에 대해), Fallet-Scheurer, *Uhrmacherkunst in Basel*, 101쪽(린하르트 슈타인뮐러에 대해), Morpurgo, *Origine dell'Orologio Tascabile*, 9~10쪽(페터 헨라인과 그의 형제에 대해), Morpurgo, *Dizionario*, 41쪽과 101쪽(조반니 조르조 카포비안코Giovanni Giorgio Capobianco와 바로초Baroccio라는 우르비노 시계공에 대해)도 보라. 15세기 말에 Garzoni, *Piazza Universale*, 625쪽은 다음과 같이 썼다. "이 회중시계 장인들의 가장 나쁜 관행은 그저 시계만 청소한 다음 2~3두카트를 요구한다는 것이다. 자기들이 시계에 무엇을 했는지 손님이 모를 줄 아는가 보다. 그들은 자신이 태엽을 바로잡고 균형을 다시 맞추고 내부 장치 곳곳을 손봤으며 녹을 제거했다고 실컷 늘어놓는다. 한마디로 한 달 동안 시계를 자주 손본 척하면서 실은 벽에 걸어놓거나 서랍 속에 넣어둔 채 쳐다만 봤을 뿐이다." 시계 수리에 대한 가르초니의 태도는 오늘날에도 그리 다르지 않지만 물론 그러한 불만이 언제나 정당한 것은 아니다.
133. 리옹에 대해서는 Vial and Côte, *Horlogers Lyonnais*, 20~21쪽을 보라. 런던

에서는 1632년 길드의 문서에 서명한 48명의 장인들 가운데 세 명만이 이름이 아닌 표식을 했다. Atkins and Overall, *Company of Clockmakers*, 51쪽을 보라.

134. Develle, *Horlogers Blésois*, 214, 224, 267, 287쪽, Bourriau, *Horlogers à la Rochelle*, 15~16쪽.
135. 물론 문맹인 시계공 장인들도 전혀 없지는 않았다. Vial and Côte, *Horlogers Lyonnais*, 20쪽과 앞의 주 133을 보라.
136. Babel, *Histoire corporative de l'horlogerie*, 419쪽. 18세기에 시계공과 회중시계공의 교육 수준에 대해서는 Babel, *Fabrique genevoise*, 103~104쪽을 보라.
137. 리옹에 대해서는 Vial and Côte, *Horlogers Lyonnais*, 20쪽, 파리에 대해서는 Franklin, *Vie privée*, 144쪽, 블루아에 대해서는 Develle, *Horlogers Blésois*, 426쪽과 447쪽을 보라. 라로셸은 프랑스에서 종교개혁의 중심지 가운데 하나였으며 17세기에 그곳에서 인쇄업과 시계 산업이 번성한 것은 유념할 만하다 (Bourriau, *Horlogers à La Rochelle*, 6쪽). 목재 시계를 제작한 클라블레Clavelé라는 시계공 장인은 사형에 처해진 최초의 위그노 가운데 한 명이었다(Fallet, *Dissertation*, 409쪽). 17세기 말 루앙에 대해서는 Bianquis, *La Revocation de l'édit de Nantes*, xlii쪽을 보라.
138. 초장기 시계공들의 상비에 대해서는 Develle, *Horlogers Blésois*, 15쪽 이하, Fallet-Scheurer, *Uhrmacherkunst in Basel*, 131쪽 이하, Morpurgo, *Una bottega di orologiai*, 3~5쪽을 참고하라.
139. 다른 시계 제작 중심지도 잔스트레이크와 프리슬란트에서 발전했다. 이 지역들에서도 프랑스 망명인들이 시계 공장의 발전에 중요한 역할을 했던 것 같다. Ottema, *Uhrwerkmakerskunst in Friesland*, 9쪽을 보라.
140. Babel, *Histoire de Geneve*, vol. 2, 109쪽.
141. Bergier and Solari, *Histoire*, 203~209쪽과 214~224쪽.
142. Geisendorf, *Métiers et conditions sociales du premier Refuge*, 239~249쪽을 보라.
143. Geisendorf, *Métiers et conditions sociales du premier Refuge*, 247쪽, 주 2.

144. 앞뒤 내용은 Babel, *Histoire corporative de l'horlogerie*, 43~88쪽과 391~393쪽을 보라.
145. Leti, *Historia ginevrina*, part 4, 612~613쪽.
146. Cunningham, *Alien Immigrants*, 140쪽 이하.
147. Cunningham, *Alien Immigrants*, 138쪽.
148. Moryson, *Itinerary*, 475쪽.
149. Fisher, *Commercial Trends in Sixteenth Century England*. 피셔의 글에 대해서는 여러 저작 중에 Stone, *State Control in Sixteenth-Century England*, 108쪽.
150. Cunningham, *Alien Immigrants*, 215쪽. 스코틀랜드에서 애버딘의 시의회는 "성 니콜라스 교회와 공회당, 대학의 시계를 어떻게 유지해야 하는지 유용한 가르침을 받도록" 1537년 10월 13일에 앤드루 컬럼Andrew Cullam을 플랑드르로 파견했다.
151. Page, *County of Middlesex*, 158쪽, Symonds, *English Clocks*, 26~27쪽.
152. Britten, *Old Clocks*, 43쪽.
153. Page, *County of Middlesex*, 158쪽.
154. Britten, *Old Clocks*, 45쪽.
155. Britten, *Old Clocks*, 44~45쪽.
156. Symonds, *English Clocks*, 30쪽.
157. *Calendar State Papers*, domestic, James I, 127/15와 127/16, 1622년 1월.
158. Atkins and Overall, *Company of Clockmakers*, 2쪽.
159. Ullyett, *British Clocks*, 18쪽.
160. 루이스 쿠퍼Lewis Cuper는 형제인 미셸Michel의 결혼식에 참석한 1613년까지도 여전히 블루아에 있었다(Develle, *Horlogers Blésois*, 377쪽). 본문에서 지적한 대로 1622년에 이르렀을 때 그는 시계를 만든다고 "알려진 이방인" 가운데 한 명으로 런던의 인구 대장에 등록되어 있었다. 1629년에도 그는 여전히 런던에 있었고 조카인 에이브러햄 쿠퍼Abraham Cuper를 견습생으로 데리고 있었다 (Develle, *Horlogers Blésois*, 378쪽). 1628년에 "이곳에 거주하는 프랑스인 시계공 조사이어스 쿠퍼Josias Cwper라는 사람이 (대장장이) 회에 받아들여져 입회 신서

를 했다."(Atkins and Overall, *Company of Clockmakers*, 3쪽) 17세기 말에 가서 쿠퍼 가의 다른 사람들도 영국으로 건너왔다(Develle, *Horlogers Blésois*, 432쪽).
161. Develle, *Horlogers Blésois*, 235~236쪽.
162. 1631년 런던에 시계공 조합이 결성된 한 가지 이유는 커져가는 "이방인" 시계공과의 경쟁을 통제하기 위해서였다(1656년의 한 문서는 "이방인과 외국인을 억제하기 위해"라고 직접적으로 명시했다. Atkins and Overall, *Company of Clockmakers*, 61쪽을 보라). 1630년, 다수의 시계공들이 설립 특허장을 얻고 기타 비용을 충당하기 위해 돈을 기부했으며 기부자 인명부에는 대략 50명의 시계공 이름이 기재되어 있었다. 기부자 인명부에서는 1622년 목록에 언급된 "이방인" 시계공 가운데 단 세 명의 이름만 찾을 수 있는 반면 1622년 목록에서 16명이었던 "영국인" 시계공 가운데 8명의 이름을 찾을 수 있다. 1630년 목록에 외국인 이름이 없지 않지만 1622년과 1630년 사이에 런던에서 영국인 시계공의 숫자가 많아진 것은 쉽게 파악할 수 있다. 그러나 두 목록 사이의 확연한 차이는 두 가지 사실을 가리킬지도 모른다.
첫째, 1622년 목록에서는 "이방인"이 만연한 상황을 과장하고자 런던에서 활동 중인 "영국인" 시계공을 전부 언급하지는 않았다.
둘째, 런던에서 활동 중인 "이방인" 가운데 극소수만이 시계공 길드를 설립하기 위해 "영국인 측"에 가담했다. 1622년의 목록이 그해 영국에서 활동하고 있는 외국인 시계공에 대해 믿을 만한 수치를 제공하고 1630년 목록이 영국인 시계공에 대해 더 정확한 수치를 제공한다고 본다면, 1620년대에 "런던 시와 런던 시 권한이 미치는 범위인 런던 시 대략 10마일 안에" 대략 60명에서 70명의 시계공 장인이 있었다고 조심스럽게 결론 내릴 수 있다.
1650년대가 되자 다수의 장인들이 길드의 운영 협의회가 프랑스 출신 시계공들과 "자유 시민을 다스릴 수 있도록 입회가 허용된 프랑스 외국인들"에 의해 지배되고 있다고 불만을 터트렸다. "그들은 최근에 우리를 괴롭힌 외국인과 이방인 목록을 가져오면 우리 편에 가담해 그들을 처벌하기로 동의해놓고는 막상 우리가 협의회에서 목록을 제시하자 조합의 중추를 들어내고 싶은 것이냐고 물었다. 그 외국인과 이방인들이 그들에게 매우 소중하기 때문이다."(Atkins and Overall, *Company of Clockmakers*, 61~62쪽)

163. Britten, *Old Clocks*, 272쪽.
164. Franklin, *La mésure du temps*, 140쪽.
165. Britten, *Old Clocks*, 280쪽.
166. Savary, *Dictionnaire*, vol. 3, col. 334, "프랑스에서는 두 가지 이유 때문에 영국제 시계가 금지되어 있는데 첫째는 자국 시계를 장려하는 국왕의 칙령 때문이고 둘째는 영국제 시계가 제네바 시계만큼 프랑스인들의 구미에 맞지 않기 때문이다(Les Horloges d'Angleterre sont prohibées en France par deux raisons, la premiére est un ordre du Roi en faveur de la Communauté, et al seconde c'est qu'elles ne s'y vendent pas n'étant pas du goût des François comme celles de Geneve)."
167. Savary, *Dictionnaire*, vol. 3, col. 329~342.
168. Babel, *Histoire corporative de l'horlogerie*, 91쪽 이하는 첫 "용수철 태엽 시계"가 1660년 이후 제네바에서 출현했다고 주장한다. 리옹에서는 1670년 이후에 "회중시계공을 위한 태엽공들(faiseurs de ressorts pour les horlogers)"을 찾을 수 있다. Vial and Côte, *Horlogers Lyonnais*, 26쪽을 보라. 블루아에서 1631년부터 시계공으로 활동한 앙투안 드 라 가르드Antoine de la Garde는 나중에 태엽을 전문으로 제작했다. 1670년에 죽었을 때 그는 "회중시계 태엽공(faiseur de ressorts pour les montres)"으로 기재되었다(Develle, *Horlogers Blésois*, 93쪽).
169. Babel, *Histoire corporative de l'horlogerie*, 91~109쪽과 401쪽, Develle, *Horlogers Blésois*, 83쪽 이하. 1680년대가 되자 제네바에서는 "시계공들이 사용하는 도구"를 전문적으로 만드는 수공업자들이 있었다.
170. Page, *County of Middlesex*, vol. 2, 158쪽.
171. George, *London Life*, 173쪽.
172. Babel, *Histoire corporative de l'horlogerie*, 99쪽과 101쪽.
173. 17세기에 블루아에는 시계에 들어가는 태엽을 전문적으로 거래하는 상인이 두 명 있었다(Develle, *Horlogers Blésois*, 93쪽). 1690년대에 영국에서는 부속 "장치"가 없이 시계 케이스와 숫자판만 따로 수출하는 것을 법으로 금지했다. 이러한 조치의 한 가지 이유는 런던 자유 시민이 아닌 다른 사람이 자신들의

시계에 "런던"이라는 표식을 새기지 못하게 하기 위해서였다(Atkins and Overall, *Company of Clockmakers*, 257쪽을 보라). Jacquet and Chapuis, *Montre Suisse*, 43쪽도 보라. 시계공을 위한 도구의 거래에 대해서는 같은 책 88쪽을 보라.

174. Babel, *Histoire corporative de l'horlogerie*, 495쪽 이하 그리고 특히 501~502쪽.

175. 18세기 초에 크리스토퍼 폴렘Cristopher Polhem은 스웨덴 셰른순드에 물림 톱니 바퀴cogwheel와 다른 부품을 자동적으로 절삭하는 기계를 들인 시계 공장을 세웠다. 폴렘의 공장은 대량 생산을 의도하고 세워졌다. Lundwall, *Stjärnsundsuren*, Sellergren, *Polhem's contributions*, 109~115쪽을 보라.

176. Savary, *Dictionnaire*, vol. 3, col. 342. 사바리 데 브뤼슬롱은 또한 "흠잡을 데 없이 완벽한 작품을 구입할 만한 여유가 없기도 하지만 그런 것을 구입하기도 불가능한데 모든 시계공이 탁월한 기술을 보유하고 있지는 않기 때문이다(tout le mode n'est pas en état de payer chérement les ouvrages parfaits, et que d'ailleurs la chose est impossible, parce que tous les ouvriers ne sont pas en *état* d'attendre la perfection)."라고 말한다.

177. Smith, *Wealth of Nations*, 243쪽.

178. Symonds, *English Clocks*, 59쪽.

179. 앞의 주 175를 보라.

180. 1797년 영국에서는 모든 시계에 세금이 부과되었다. 조세 감정인의 신고서는 영국인들 가운데 시계가 얼마나 보급되어 있었는지 정확한 정보를 제공한다. 이하는 스코틀랜드에 있는 피블스 읍론의 조세 신고서이다. "피블스 읍내에는 시계(clock: 괘종시계나 탁상시계를 말함—옮긴이)가 15점, 은제 회중시계가 5점, 금제 회중시계가 2점 있다. 피블스 교구 시골 지역에는 시계가 4점, 은제 회중시계가 5점 있으며 금제 회중시계는 없다. 피블스 읍내와 시골, 교구를 통틀어 시계는 106점, 은제 회중시계는 112점, 금제 회중시계는 35점 있다."(Smith, *Scottish Clockmakers*, 296~297쪽)

181. Savary, *Dictionnaire*, vol. 3, col. 329.

182. 베를린에 대해서는 Rachel, *Das Berliner Wirtschaftsleben*, 198쪽과

Chapuis, *Le Grand frédéric*을 참고하라. 러시아에 대해서는 *Blosbaia Sovietskaia Entsiklopedia*, 1950년, vol. 47, 56쪽을 보라. 스웨덴 셰른순드에 관해서는 Lundwall, *Stjärnsundsuren*과 Sellergren, *Polhem's Contributions*, 111쪽을 보라. 페르네에 관해서는 Bavoux, *Voltaire à Ferney*, Caussy, *Vlotaire, Seigneur de Village*, Chapuis, *Voltaire horloger*, Babel, *Fabrique genevoise*, 107~125쪽을 보라.

183. 위에서 언급한 대로(앞의 주 79 참고) 1545년에 파리에는 대략 20명의 시계공 장인이 있었다. 50년 후에 파리를 방문한 이탈리아인도 비슷한 숫자를 기록했다. 그러나 두 사료는 성격이 매우 다르기 때문에 이 둘을 비교하여 이끌어 낸 결론 일체는 일정 정도 가감해서 받아들여야 한다.
184. Lespinasse, *Métiers et corporations*, vol. 3, 555쪽.
185. 폴 루미유[Paul Roumieu]는 루앙 출신의 이름난 시계공으로, 에든버러로 이주하여 스코틀랜드에 시계 제조 기술을 부활시켰다. 전통적으로 루미유는 낭트 칙령의 폐지로 말미암아 프랑스에서 쫓겨난 피난민으로 여겨졌다. 그러나 이제는 그가 1685년보다 적어도 8년 전에 에든버러로 이주했다는 사실이 밝혀졌다(Smith, *Old Clockmakers*, 323쪽). 블루아에서는 Develle, *Horlogers Blésois*, 9~10쪽에 따르면 낭트 칙령의 폐지로 일부 시계공들이 도시를 떴지만 시계 제작의 쇠퇴는 1670년대 말과 1680년대 초에 이미 뚜렷했다.
186. Scoville, *The Persecution of Huguenot*, 여기저기와 특히 434~447쪽.
187. 사실, 종교의 자유를 찾아 이주한 프랑스 시계공들은 적은 무리가 아니었다. 1685년 이후에 그들은 심지어 덴마크에서도 발견되며 덴마크 시계 산업의 발달에 상당한 공헌을 했다(Liisberg, *Urmagare og Ure I Danmark*, 169, 174, 176, 178쪽을 보라).
188. Franklin, *Mésure du Temps*, 144쪽.
189. Savary, *Dictionnaire*, vol. 3, col. 331.
190. Jaquet and Chapuis, *Montre Suisse*, 29쪽.
191. Babel, *Histoire corporative de l'horlogerie*, 518쪽, 주 2와 519쪽. 스위스인들만 그런 불공정 경쟁에 가담한 것은 아니었다. 1704년에 런던의 시계공 길드에는 암스테르담에서 모종의 사람들이 톰피언이나 윈드밀스, 퀘어, 카브

리어, 램 등 런던의 유명 제작자 이름을 자신들의 제품에 새겨 영국제로 속여 판다는 보고가 들어왔다. Atkins and Overall, *Company of Clockmakers*, 258쪽.
192. Gelis, *Horlogerie ancienne*, 38쪽.
193. Franklin, *Mésure du Temps*, 146쪽.
194. Gelis, *Horlogerie Ancienne*, 38쪽.
195. Griselini, *Dizionario*, vol. XI, 4쪽.
196. Reverchon, *Histoire de l'horlogerie*, 151쪽.
197. 뒤의 주 199를 보라. 나중에 19세기를 거치면서 브장송은 거대한 시계 산업 중심지로 발전했고 사실 프랑스의 시계 생산량은 영국을 능가하게 되었다.
198. 17세기와 18세기를 거치면서 유럽 전역과 세계로 수출된 스위스 시계에 대해서는 Babel, *Histoire corporative de l'horlogerie*, 70쪽과 516쪽 이하, Babel, *L'horlogerie genevoise à Constantinople*, 61~74쪽, Savary, *Dictionnaire*, vol. 3, col. 341~342를 보라. Jaquet et Chapuis, *Montre Suisse*, 121~152쪽도 참고하라(그러나 이 책은 사료를 엄밀하게 제시하지 않는다). 스위스 시계공들은 17세기 초에 이미 콘스탄티노플에 존재했고 1652년에는 제네바 출신 상인들이 "콘스탄티노플에서 방탕한 생활을 영위하며 커다란 추문을 불러일으켰다."고 보고되었다. 1709년에 콘스탄티노플의 스위스인 거주지에는 대략 50명이 살았다.
공공기록보관소의 1697~1698년도 문서에 따르면(Customs 3/1, part 2, Export) 영국제 시계들은 당시 덴마크와 스웨덴, 플랑드르, 독일, 네덜란드, 이탈리아, 러시아, 오스만 제국, 바베이도스, 뉴잉글랜드, 펜실베이니아로 수출되었다. 영국 수출품 전반에 관해서는 Savary, *Dictionnaire*, vol. 3, col. 329~42도 보라. 오스만 제국으로 팔려나간 영국 수출품에 관해서는 Britten, *Old Clocks*, 95~96쪽과 166쪽을 보라. 영국과 스위스제 시계의 중국 수출에 관해서는 본문 2장을 참고하라.
199. 1896년에 런던에서 열린 회의에서 시계 무역과 관련한 풍성한 질의가 쏟아져 나왔고 거기에 대한 답변은 다음과 같다(Atkins and Overall, *Company of Clockmakers*, 263쪽). "(…) 질문: 여러분(시계공들)은 어느 나라로 시계를 수출합

니까? 답변: 우리는 프랑스를 제외한 모든 통상 국가에 각종 시계를 수출합니다. 특히 네덜란드와 플랑드르, 독일, 스웨덴, 덴마크, 노르웨이, 러시아, 에스파냐, 포르투갈, 이탈리아, 오스만, 동인도와 서인도, 중국 등지에 수출합니다. (…) 질문: 수출품은 금과 은, 기타 금속 가운데 주로 어떤 재료로 만들어집니까? 또 그렇게 만들어진 시계는 각각 어느 나라로 수출됩니까? 답변: 동인도로는 주로 금시계를, 중국으로는 주로 금속 시계를, 네덜란드로는 많은 금시계와 약간의 금속 시계, 다량의 은시계를 수출합니다. 다른 나라로는 주로 은시계를 많이 수출하지만 다른 시계들도 얼마간 수출하며 에스파냐의 경우는 은시계와 더불어 값비싼 금시계도 많이 수출합니다. (…) 질문: 세계 전역으로 팔려나가는 시계의 총 물량은 얼마로 추정합니까? 답변: 이 나라에서 외국에 수출되는 시계 물량을 산정하기는 매우 어렵지만 우리가 추정할 수 있는 근사치로 볼 때 연간 8만 점 정도라고 봅니다. (…) 질문: 이 나라로 수입되는 프랑스제 시계는 많습니까? 답변: 다량의 금시계는 이곳의 시계 산업에 큰 악영향을 미치고 있으며 최근 도금 세공품 1온스마다 8실링의 세금이 붙으면서 그 숫자는 크게 증가했습니다." 클라컨웰에서 생산된 시계 수치에 대해서는 George, *London Life*, 174쪽을 보라.

200. Chapuisat, *Commerce et industrie à Geneve*, 217쪽에 제시된 자료는 시스몽디Sismondi에게서 나온 것이다. 두 시계공이 작성한 한 프랑스 보고서는 25만 점이라는 숫자를 제시하지만 이는 분명히 과장된 수치이다(Babel, *Histoire corporative de l'horlogerie*, 398쪽. Babel, *Fabrique genevoise*, 51~52쪽과 Say, *Economie Politique*, vol. I, 187쪽도 보라).

201. 오스만 시장에서 서양산 시계에 대한 이야기는 Kurz, *European Clocks and Watches in the Near East*를 보라. 이 놀라운 책은 서양 기술사에 대한 매력적인 한 장章을 제공할 뿐만 아니라 동양의 정신적 태도와 서양과 근동 세계 간의 관계에 대한 매우 흥미로운 문제를 조명한다.

2장 | 중국, 시계와 조우하다

1. Boxer, *Portuguese in the East*, 192쪽과 214쪽.
2. Cipolla, *Guns and Sails*, 138쪽 이하.

3. 1565년부터 1815년까지 에스파냐 갈레온 선단은 5개월에서 8개월에 걸쳐 태평양을 횡단해 정기적으로 마닐라와 아카풀코 사이를 왕래했다. 이 무역 선단은 필리핀으로 은을 싣고 가서 아시아 상품을 실어 멕시코로 귀환했다. Schurz, *The Manila Galleon*을 보라.
4. Van Linschoten, *Voyage to the East Indies*, vol. 1, 10쪽.
5. Carletti, *My Voyage around the World*, 153쪽. 카를레티의 보고서의 수신자는 피렌체 대공이었다. 카를레티는 분명히 당대 피렌체의 주요 금화였던 "스쿠도 금화(scudi d'oro)"를 가리켰다(같은 책, 144쪽을 보라). 피렌체 "스쿠도"는 순금 3그램보다 약간 더 나갔다. 따라서 카를레티에 따르면 "포르투갈과 에스파냐 두 나라에서만" 중국에 매년 대략 4~5톤의 금화로 환산되는 양의 은을 가져간 셈이다.
6. 다음을 보라. Morse, *East India Company*, vol. I, 8쪽, 307~313쪽과 여기저기, Chaudhuri, *East India Company*, 24~25쪽, Dermigny, *Le Commerce à Canton*, vol. 2, 687~767쪽.
7. Dermigny, *Le Commerce à Canton*, vol. 2, 724쪽 이하.
8. Morse, *East India Company*, vol. 1, 67쪽.
9. Morse, *East India Company*, vol. 1, 109쪽.
10. Panikkar, *Asia and Western Dominance*, 53쪽을 보라. 인도네시아와 중국, 일본 사람들은 서양 미술에 별반 흥미를 보이지 않았지만 인도와 페르시아의 군주들은 서양 미술가들과 회화들을 종종 요청했다. Boxer, *The Dutch Seaborne Empire*, 172쪽을 보라.
11. Morse, *East India Company*, vol. 1, 115쪽.
12. Cary, *Discourse on Trade*, 43쪽. Chaudhuri, *East India Company*, 29쪽은 인도와 일본, 페르시아 주재 동인도회사 중매인들의 보고서를 인용하는데 그들은 영국산 천은 현지 구매 상인들에게 너무 비싸다고 불평했다. 높은 인건비로 인해 유럽산 제품은 아시아 제품과 거의 경쟁을 할 수 없었다.
13. 여러 책 중에서 Thomas, *Mercantilism and the East India Trade*, 특히 118쪽을 보라.
14. Weber, *Compagnie Française des Indes*, 234~235쪽, Dermigny, *Le

Commerce à Canton, vol. 1, 196쪽.
15. Dermigny, *Le Commerce à Canton*, vol. 1, 196쪽.
16. D'Elia, *Fonti Ricciane*, vol. 1, 33쪽. Nieuhoff, *Embassy to China*, 166쪽은 리치의 묘사를 거의 문자 그대로 따르지만 227쪽에서 다음의 말을 덧붙인다. "시계방 탑 위에는 시간을 알려주는 기구가 있는데 이 기구는 물로 작동한다. 물이 한쪽 그릇에서 다른 쪽 그릇으로 흐르면, 시간을 나타내는 표식이 그려진 게시판을 들어올린다. 또 거기에는 언제나 시간을 살피는 사람이 한 명 있어서, 정시마다 북을 치고 커다란 글자로 시간이 써진 게시판을 내걸어 사람들에게 시간을 알려주는 모습을 볼 수 있다." Chapuis, *Montre Chinoise*, 15쪽에 인용된 Pierre de Goya와 Jacob de Keyser, le Comte, *Empire of China*, 81쪽, Needham, *Heavenly Clockwork*, 155쪽 이하, 그리고 *Science and Civilization in China*, vol. 4, pt. 2, 437쪽 이하는 리치의 견해를 비판하고 포르투갈인이 도착하기 수 세기 전에 중국인들이 "천문 시계heavenly clock"를 지었다는 사실을 강조한다. 그러나 니덤Needham 교수는 중국의 "천문 시계"와 서양의 기계식 시계 사이에 합리적으로 비교할 만한 구석이 있다는 사실을 입증하지 못하며, 반대로 그 역시 중국의 측시학적 기술은 "민족주의적 명 왕조의 부상에 동반한 유교적 내핍의 물결 속에서 소멸했다."고 인정해야만 했다. 원나라 마지막 황제 시대 때 만들어진 거대한 타종 수차 시계 때문에 서양의 시계가 중국에서 새로운 물건이 아니었다고 주장하는 것은 고대에 헤론이 고안한 증기 장치들 때문에 와트의 증기기관이 유럽에서 새로운 물건이 아니었다고 주장하는 것과 다를 바 없다.

니덤 교수의 견해에 대한 뜻밖의 근거는 1689년에 제네바에서 출간된 저자 미상의 책(*L'excellence de l'horlogerie*, 14~15쪽)에서 찾을 수 있을지도 모른다. 이 책은 기상천외하게도 중국인들에게 "휴대용 시계" 발명의 공로를 돌린다. 향을 태워 시간을 재는 동양의 "시계"에 대해서는 Bedini, *The Scent of Time*을 보라.

17. D'Elia, *Fonti, Ricciane*, vol. 1, 161~167쪽.
18. D'Elia, *Fonti, Ricciane*, vol. 1, 192쪽.
19. D'Elia, *Fonti, Ricciane*, vol. 1, 201~212쪽.

20. D'Elia, *Fonti, Ricciane*, vol. 2, 123쪽, 주 7과 124쪽, 주 1.
21. 중국에서 예수회의 활동과 시계에 대해서는 Enshoff, *Ricci's Uhren*, 190~194쪽, Sarreira, *Horas boas e horas mas*, 518~528쪽, Bettray, *Akkomodationmethode des P. Matteo Ricci*, 26~32, 107, 114, 118, 120, 171쪽, Lamalle, *La propagande du P. Nicolas Trigault*, 75, 101쪽, 주 34와 여기저기.
중국의 "불균등 시간"에 대한 엔스호프Enshoff와 사레이라Sarreira의 견해는 D'Elia, *Fonti Ricciane*, vol. 2, 128쪽, 주 5에서 설득력 있게 비판되었다.
22. D'Elia, *Fonti Ricciane*, vol. 2, 120~128쪽.
23. 강희제가 황궁에 세운 공방에 대해서는 Chapuis, *Montre Chinoise*, 42~44쪽, Planchon, *L'Horloge*, 10장과 Bedini, *Chinese Mechanical Clocks*, 213~214쪽을 보라. 1930년대 중국 황실의 시계 소장품을 연구한 하코트스미스Harcourt-Smith(*Catalogue*, 2쪽)는 다음과 같이 쓴다. "두 박물관에서 내가 조사할 수 있었던 시계는 대략 6점을 제외하고 모두 1760년 이후의 것이다. 마테오 리치의 시계나 강희제가 스타들랭 신부에게 관리를 맡긴 시계의 흔적은 찾을 수 없다." 그러나 파리, M. E. 젤리스M. E. Gélis의 소장 목록에는 강희제 말기나 그다음 황제인 옹정제(1723~1745년 재위) 초기에 황궁의 공방에서 제작된 시계가 한 점 있다. 이 시계에 대한 설명은 Chapuis, *Montre Chinoise*, 43쪽을, 연대에 대해서는 같은 책, 주 1을 보라. Monreal y Tejada, *Relojes antiguos*, 주 87에서는 18세기 말에 중국에서 만들어졌지만 당시 유럽에서 만들어진 시계와의 유사성으로 유럽제로 오인된 또 다른 중국 시계에 대한 묘사를 볼 수 있다.
Planchon, *L'horloge*, 10장에 따르면 황궁 공방에서 제작된 시계는 유럽 제품의 매우 조야한 복제품이었다(Bedini, *Chinese Mechanical Clocks*, 218~219쪽도 참고). 황궁 공방에서 만들어진 작품에 대해서는 *Instructions sublimes et familières de Cheng-Tzu-Quogen-Hoang-Ti*, 179쪽을 보라(앞의 두 음절 성쭈聖祖는 강희제의 묘호이고, 나머지 세 음절 런황디仁皇帝는 시호를 뜻한다.—옮긴이). 이 책에서 강희제는 중국 수공업자들이 용수철 태엽을 만드는 데 큰 어려움을 겪었으나 "유럽인들로부터 그러한 태엽을 만드는 노하우를 얻는 데 성공해서 성능이 좋은 시계를 무수히 만들 수 있었다."고 강조한다.
24. 프랑수아루이 스타들랭François-Louis Stadlin 신부(1658~1740년)에 대해서는

Chapuis, *Montre Chinoise*, 45쪽과 Pfister, *Notices biographiques*, 619~620쪽을 보라.

25. 발랑탱 샤를리에 Valentin Chalier 신부(1697~1747년)에 대해서는 Pfister, *Notices biographiques*, 718~720쪽을 보라.
26. Pelliot, *Bulletin Critique*, 66쪽. 샤를리에 신부의 진술은 하코트스미스의 진술과 모순되는 것 같다. 하코트스미스(*Catalogue*, 2쪽)는 "대중적 믿음과는 반대로, 여기서 묘사한 거의 어느 작품도 프랑스 제품은 아니다."라고 쓴다. 그러나 하코트스미스는 전설적인 황실 소장품 가운데 1860년 원명원 약탈과 1900년 자금성 약탈, 그리고 20세기 초반의 전란 이후에 남은 것들만 조사했다는 사실을 염두에 두어야 한다. 황실 소장품에 관해서는 Chapuis, *Montre Chinoise*, 27~29쪽도 보라.
27. Pelliot, *Bulletin Critique*, 66쪽.
28. Harcourt-Smith, *Catalgue*, 1쪽.
29. D'Elia, *Fonti Ricciane*, vol. 1, 252쪽과 259쪽. Pfister, *Notices biographiques*, 29쪽, 주 1에 따르면 마테오 리치 신부의 명성은 20세기 초까지도 중국 시계공들 사이에서 매우 높았고 "상하이의 여러 시계방에서 마테오 리치는 그 직업의 수호성인으로 받들어진다."
30. Verbiest, *Astronimia Europaea*, section Horolotechnia.
31. 중국인들은 유럽인이 최초로 기계식 시계를 만들기 수 세기 전에 천문 시계를 제작했다. 하지만 이러한 사실은 내가 본문에서 이야기한 내용과 모순되지 않는다. 나는 중국인들이 시간을 측정하거나 천체의 움직임을 재연하는 장치를 고안하려 하지 않았다고 주장하는 것이 아니다. 나는 외국의 기계는 중국의 환경이 제기하는 문제들에 대한 중국 자신의 대응이 아니었기 때문에 그 진정한 가치가 제대로 인식되지 못했음을 이야기하는 것이다.
32. Dermigny, *Le Commerce à Canton*, vol. 1, 47쪽의 언급을 보라. 자식들을 위해 쓴 『성유십육조聖諭十六條』에서 강희제는 서양의 기계식 시계를 아름답고 값비싼 장난감으로 언급한다. 강희제는 베이징 황궁에 시계를 만들고 수리하는 공방을 세웠다. 그는 자신의 공방이 뛰어난 기계식 시계를 만들어냈다는 사실을 크게 중시했던 것 같다. 그러나 그는 자식들에게 "너희들은 운이 좋지

않으냐? 내가 먼저 뛰어든 덕분에 너희들은 10~20점의 자명종을 가지고 놀 수 있지 않느냐?"라고 쓴다. *Instructions sublimes et familières de Cheng-Tzu-Quogen-Hoang Ti*, 179쪽을 보라.

33. Carletti, *Voyage around the World*, 153쪽. 여기서, 카를레티가 묘사한 베네치아산 "삼각 프리즘"이란 1582년 광둥의 총독에게 예수회 선교사들이 바친 선물 가운데 하나라는 사실을 기억해도 좋을 것 같다. D'Elia, *Fonti Ricciane*, vol. 1, 166쪽을 보라.

34. D'Elia, *Fonti Ricciane*, vol. 1, 42쪽.

35. Chiang, *Tides form the West*, 34~35쪽. J. D. Ball, *Things Chinese*, 709쪽은 19세기 말에도 여전히 "홍콩과 마카오, 개항장과 그 인근에서는 모든 상점에서 시계를 찾을 수 있으며 시계가 아주 풍부하나, 정확한 표준시가 없는 곳이 많고 표준시가 있는 곳도 대체로 무시된다."고 쓴다.

36. 18세기 말에 판 브람^{van Braam}(*Account of the Embassy*)은 서양의 기계류에 대한 중국인의 태도를 다른 식으로 설명했다.

    그는 중국인들이 "이 광대한 우주에서 창조된 모든 것 가운데 자신들이 으뜸이라고 생각"(vol. 1, 342쪽)하며 "드넓은 세계에서 첫째가는 민족이라고 여긴다."(vol. 1, 243쪽) "중국인들이 매년 유럽으로부터 받는 최고의 명품들을 보면 그들도 눈을 뜨고 유럽의 산업이 훨씬 더 발달했으며 우리의 천재성이 중국을 능가함을 깨닫게 될 것이라고 짐작할지도 모른다. 그러나 그들의 허영심은 여기에 끄떡도 않는다. 이 모든 경이로운 물건들을 한갓 사치품으로 취급하고 자신들에게 필요하지 않다고 여김으로써 그들은 동시에 그 물건들을 자신들의 관심 이하의 것으로 치부한다. 그들이 잠깐 동안 저도 모르게 감탄을 한다고 하더라도 결국 그러한 물건을 만들어낸 기술을 모방하지 않겠다고 굳게 결심하는 쪽으로 끝난다."

37. 『四庫全書薈要』, vol. 55, 臺北, sect. 7, 5쪽.

38. Pfister, *Notices biographiques*, 914쪽.

39. van Braam, *Account of the Embassy*, vol. 2, 47~48쪽.

40. de Guignes, *Voyages à Peking*, vol. 1, 425쪽.

41. Abei, *Journey to the Interior of China*, 82쪽 주.

42. Robertson, *Evolution of Clockwork*, 196쪽.
43. Chapuis, *Monte Chinoise*, 46~50쪽. Chapuis and Droz, *Automata*, 77~84쪽. 판 브람이 이끈 "중국 조정의 마지막 네덜란드 사절단"(1794~1795년)은 굉장히 정교한 시계 두 점을 황제에게 바쳤는데 그 시계에 대한 묘사는 판 브람의 보고서(appendix G)에서 세 쪽 반을 차지한다. 『大靑會典事例』, chap. 394, 6쪽은 그 시계 가운데 하나를 다음과 같이 묘사한다. "만년토록 행복을 기원하며 15분마다 종을 치는 음악 시계." 1795년 1월 군기처軍機處에서 제출한 보고서는 다음과 같다. "(하명)에 따라서 저희는 네덜란드 궁정이 보낸 공물 목록과 최근에 영국 궁정이 보낸 공물 목록을 자세히 비교했습니다. 영국 궁정이 보낸 공물에는 다해서 여섯 점의 커다란 기구가 있습니다만 네덜란드 궁정이 보낸 공물에는 음악 시계 한 쌍과 금시계 네 쌍만 있습니다."(여기에 대해서는 Duyvendak, *The Last Dutch Embassy*, 59~60쪽과 Duyvendak, *Supplementary documents*, 345쪽)
44. 판 브람은 18세기 말에 흥미로운 일화를 전했다.(*Accout of the Embassy*, vol. 2, 20쪽.) "화중당和中堂(18세기 후반 청나라의 호부상서 화신和珅을 뜻한다. 중당은 본래 재상이 정무를 보던 곳인데, 뜻이 바뀌어 재상 본인을 의미하게 되었다.─옮긴이)은 우리에게 자신의 회중시계를 보내며 우리의 의견을 듣고 싶어 했다. 그것은 아널드가 만든 것이었기 때문에 우리는 아첨을 할 필요 없이 마음껏 그 제품을 칭찬할 수 있었다. 그러자 화중당은 우리 시계를 구경하기를 원했고 우리 시계를 구경한 후 우리 기술자 소유의 몇몇 회중시계의 높은 가격에 대해 이야기했다. 그는 자신의 시계를 구입할 때 375리브르밖에 들지 않았다고 말하며, 우리가 가진 시계를 좀 더 싸게 구입할 수 있으면 좋겠다고 이야기했다. 우리가 그의 시계 가격이 그렇게 낮은 이유를 쉽게 설명할 수도 있었을 것이다. 그러나 그랬다가는 광둥의 상인들과 중국 관리들 간의 거래에 피해를 미칠까봐, 특히 중국 관리들이 위험에 처하게 될까 두려워 나는 자세한 사정을 설명하지 않았다. 대신 그런 회중시계를 그렇게 적은 돈으로 얻은 것을 두고 놀라움만 표시했다. (…) [23쪽] 오늘 아침 화중당이 말한 이야기로 보아 조정은 광둥 관리들의 뒷거래를 모른다는 사실을 익히 알 수 있다. (…) 심지어 런던에서도 아널드의 시계는 절대 375리브르에 팔리지 않으며 광둥의 어느 중국 상인도 그보다

6배나 8배 높은 가격 이하로는 그런 시계를 구할 수 없다는 것은 확실하다."
45. D'Elia, *Fonti Ricciane*, vol. 1, 382쪽.
46. Barrow, *Travels in China*, 231쪽.
47. 동인도회사 회의록과 중국교역소의 기록은 '인도성 기록보관소' 부소장이 친절히 제공해주었다. 영국 세관 관련 정보는 나를 위해 런던 공공기록보관소에서 세관 기록을 조사해준 A. M. 밀러드A. M. Millard 양이 제공해주었다.
48. 이 정보는 나를 위해 헤이그에 있는 '일본 주재 네덜란드 상관 기록보관소'에서 "품목번호 762-816 발송 화물과 도착 화물 송장", "에도행 여행과 1642년 3월부터 1818년까지 일본 정부에 보낸 선물 경비 회계" no. 1161~1305 56쪽을 조사한 E. J. 카레만E. J. Karreman 양이 친절히 알려준 것이다.
49. Du Halde, *General History of China*, vol. 2, 302쪽.
50. 광둥의 각종 시계들이 "유럽만큼 싸다."는 진술은 크게 과장된 것 같다. 18세기 말에 중국에서 팔린 서양 시계의 가격에 대해서는 de Guignes, *Voyages à Peking*, vol. 3, 271쪽을 보라.
51. Chapuis, *Montre Chinoise*, 25쪽 이하와 51쪽 이하, Needham, *Heavenly Clockworks*, 150~154쪽, Dermigny, *Le commerce à Canton*, vol. 3, 1237쪽 이하를 보라. 19세기에 "중국에서는 영국제 시계를 선호했는데 광둥의 시계공들이 수리할 수 있는 유일한 시계였기 때문이다."라고 언급되었다(Dobel, *Sept années en Chine*, 30쪽).
52. Dermigny, *Le commerce à Canton*, vol. 3, 1239쪽, 1240쪽 주 1.
53. 여러 책 가운데 Harcout-Smith, *Catalogue*, Chapuis, *Montre Chinoise*, Chapuis and Droz, *Automata*, 107~118쪽 참고.
54. *Notice sur les objets de commerce à importer en Chine*, 270쪽.
55. Osbeck, *Voyage to China and the East Indies*, vol. 1, 236쪽.
56. Barrow, *Travels in China*, 181쪽.
57. Brown, "The Impact of Fire-Arms," 236~253쪽.
58. Robertson, *Evolution of Clockwork*, 276~277쪽.
59. 유럽의 시계는 1부터 12까지 종을 치는 횟수가 점점 늘어나는 반면, 일본에서는 전통적으로 시간을 알리고자 절에서 타종을 할 때 9부터 4까지 숫자가 줄어

드는 방식이었다는 사실도 덧붙여야 한다. Robertson, *Evolution of Clockwork*, 197쪽 참고.
60. Robertson, *Evolution of Clockwork*, 197쪽.
61. 塚田泰三郎, 「和時計」, 37쪽, 高林兵衛, 「時計發達史」, 47~48쪽.
62. 여기에 대해서는 Robertson, *Evolution of Clockwork*, 219~226쪽과 240~243쪽을 보라. Monreal y Tejada, *Relojes Antiguos*(17쪽 서문)는 "일본은 지난 세기 후반까지 전통적 시간 체계를 고수했다. 유럽의 시계공들은—그 나라와 처음 교역한 네덜란드인들이 대다수였다—동양의 복잡한 시간 계산 체계에 맞춰야 했다(el Japón conservó su hora antigua y tradiciónal hasta la segunda mitad del siglo pasado y lôs relojeros de Europa—principalmente los holandeses que fueron los primeros en comerciar con aquel pals—hubieron de ingeniarse para adaptar sus maquinarias al complicado cómputo oriental)."라고 쓴다. 따라서 그는 와도케이만의 독특한 기계적 특징은 일본 고유의 것이 아니라, 일본 시장에 시계를 팔고자 한 유럽—아마도 네덜란드—시계공들의 독창성의 산물이었다고 암시한다. 그러나 이러한 주장을 뒷받침할 만한 증거는 없다. 일본으로 수출된 네덜란드 시계에 대해 얻을 수 있는 증거(2장 주 48 참조)는 오히려 몬레알 이 테하다 Monreal y Tejada의 견해와 모순되는 것 같다. 물론 우리가 몇몇 유럽 시계공이 1630년대 이전에 일본에서 활동하고 있었을 가능성을 경험적 근거 없이 완전히 배제할 수는 없다(Robertson, *Evolution of Clockwork*, 197쪽).
63. 17세기와 18세기에 일본에서 제작된 모든 시계는 추로 작동하는 시계였다. 태엽으로 돌아가는 시계는 1830년대에 처음으로 만들어졌다(Robertson, *Evolution of Clockwork*, 247쪽). 태엽 시계가 늦게 등장한 이유는 태엽 제작의 어려움 때문이었을 것이다. 중국에서 강희제는 『성유십육조聖諭十六條』(2장 주 32 참고)에서 황궁 공방의 기술자들이 시계에 들어가는 태엽을 만들어내는 데 큰 어려움을 겪었다고 말한다. 18세기 말에 Barrow, *Travels in China*, 306쪽은 중국인들은 "고안해내는 천재성과 만들어내는 솜씨가 조금도 부족하지 않다. 그리고 그들의 모방 능력이 대단함은 언제나 인정되어 왔다. (…) 광둥의 한 중국인은 유럽 회중시계를 보고서 이전에는 그런 종류의 시계를 본 적이 없음에도 불구하고 그와 비슷한 것을 만들어내는 데 성공했다. 그러나 그가 만들 수 없는 주

태엽은 그에게 따로 제공해야 했다."라고 보고했다.
64. 高林兵衛, 『時計發達史』, 55쪽, 塚田泰三郞. 『和時計』, 66쪽.
65. 塚田泰三郞, 『和時計』, 70쪽. 이 책의 2장 주 76도 참고하라.
66. 1710년에 아라이 하쿠세키新井白石는 쇼군의 재정 상태를 개선하기 위해 에도 성의 시계를 관리하는 사람을 50명이 넘게 해고했다고 한다. 유감스럽게도 우리는 당시 에도 성에 시계가 몇 점 있었는지는 알지 못한다. 塚田泰三郞, 『和時計』, 33~34쪽 참고.
67. Bedini, *The Scent of Time*, 34쪽에 인용된 J. R. Tcuzu 신부의 글을 참고.
68. 일본에서는 시계공 한 사람이 시계에 들어가는 모든 부품을 제작했다. 수공업자들이 특정 시계 부품만을 생산하는 전문화는 일본에서 발전하지 않았다. 생산의 표준화 역시 일어나지 않았고 사실상 옛 "와도케이" 중 어느 것도 서로 똑같이 생기지 않았다. 일반적으로 수공업자가 시계 한 점을 만드는 데 1년이 걸린 것으로 여겨지며 몇몇 유명한 시계 제작자들은 일생 동안 10점 미만의 시계를 만들었다고 한다. 塚田泰三郞, 『和時計』, 15쪽과 여기저기.
69. 해외에서도 중국인들은 시계 산업을 발전시키지 못했다. 17세기 말에 Fryke, "Relation of a Voyage", 28쪽은 "바타비아의 주민들은 암본 사람, 말라바르 사람, 마르디가르 사람 등등 각양각색이나 그 가운데 중국인들이 가장 중요하고 커다란 부분을 차지한다. (…) 그들(중국인들)은 영리하고 빈틈없음에서 다른 이들을 크게 능가하고 아주 뛰어난 기술자들이다. 그들은 모든 분야에서 활약하지만 시계 제작만은 예외이다."라고 썼다.
70. Osbeck, *Voyage to China and the East Indies*, vol. 1, 236쪽.
71. Pfister, *Notices Biographiques*, 914쪽.
72. Dermigny, *Le commerce à Canton*, vol. 3, 1239쪽.
73. van Braam, *Accout of the Embassy*, vol. 2, 212~213쪽. 판 브람(같은 책, vol. 1, 204쪽)은 또한 황제에게 바칠 두 점의 정교한 시계가 운송 중에 약간 손상을 입은 이야기를 들려준다. 사절단이 베이징에 도착한 후 "궁에 소속된 세 중국인 시계공이 우리 기술자의 감독 아래서 그 시계들을 며칠 사이에 고칠 수 있을지를 살펴보러 왔지만 우리 기술자는 그들에게 자신의 설명을 이해시킬 수 없기 때문에 그들에게 일을 시키기는 불가능하다고 밝혔다." 18세기 말 베이

징에서는 정교한 시계를 수리할 줄 아는 시계공이 없었지만 광둥에서는 상황이 다소 나았다. M. de Guignes, *Voyages à Peking*, vol. 2, 1쪽은 판 브람이 말한 일화를 언급하면서 "[베이징의] 시장에서는 [시계를 고칠 만한] 사람을 찾을 수 없어서, 우리는 시계를 고치러 광둥으로 사람을 보내야 했다(en état de le fair vu qu'ils n'avôient personne, on devoit l'envoyer à Quanton pour la repare)." 배로 Barrow(*Travels in China*, 306쪽)도 18세기 말에 "한때 콕스앤멀린 상회의 창고에서 나와 중국으로 대량 수출되었던 정교한 메커니즘의 시계를 이제 런던과 마찬가지로 이곳 광둥에서, 그것도 런던의 삼분의 일 비용으로 제작하고 있다."라고 언급했다.

74. 앞의 주를 참고.
75. Cipolla, *Guns and Sails*, 116~127쪽.
76. 高林兵衛, 『時計發達史』, 52쪽에 따르면 시계는 특이한 물건으로 여겨졌다. 측시학에 관한 일본의 어느 책에 따르면 18세기에 기계식 시계는 "귀족, 부유한 상인, 진기한 것을 수집하는 사람"만이 소유했다(같은 책, 51쪽).
77. 그리니치 국립해양박물관에 소장된 중국산 비단 족자에는 매카트니Macartney 경의 사절단이 선물로 시계와 천문 기구를 가져오는 장면(1793년)이 묘사되어 있다. 우측 상단 구석에는 다음과 같은 거만하고 쇼비니즘적인 글이 새겨져 있다.

> 우리는 이상한 물건들을 귀히 여기지 않으며 뽐내는 소리에도 귀 기울이지 않으나
> 그대들이 먼 길을 달려온 것을 생각하여 백배로 되돌려주겠노라.

18세기 말, 배로(*Travels in China*, 306쪽)는 "새로운 것이나 외국 문물은 뭐든 얕잡아보는 체하는 (중국) 정부의 우월감 혹은 정책"을 알고 있었다. 2장 주 36에 인용한 판 브람의 글도 보라.

78. 2장 주 23을 참고하라.
79. 일본인과 중국인의 다른 대응 방식에 대해서는 Bedini, *Chinese Mechanical Clocks*, 218쪽.

80. Bilfinger, *Die Mittelalterlichen Horen*.
81. Needham, *Heavenly Clockwork*, 201쪽.
82. 중국에서 균등한 길이의 하루 12시간 체계는 한나라 때(기원전 2세기 초부터) 확립되었다고 알려져 있지만 아마도 주나라 시기로까지 거슬러갈 수 있을 것이다(Needham, *Heavenly Clockwork*, 201쪽 이하).
83. Needham, *Heavenly Clockwork*, 199~202쪽과 de Saussure, *L'horometrie e le système cosmologique des Chinois* in Chapuis, *Montre Chinoise*, 1~18쪽.
84. Brusoni, *Varie osservazioni*, 13쪽.
85. Luzzatto, *Girolamo Brusoni* (1899년), 237~238쪽.
86. D'Elia, *Fonti Ricciane*, vol. 1, 29쪽. 1736년 샤를리에 신부는 황궁 공방에서 자기 밑에서 일하는 수공업자들을 가리켜 "ouvriers esclave", 즉 "노예 일꾼"이라고 불렀다(Pelliot, *Bulletin Critique*, 66쪽). 그러나 샤를리에 신부는 "노예"라는 표현을 다소 느슨한 의미로 사용한 것 같다(중국에서 노비-수공업자의 문제에 대해서는 Needham, *Science and Civilization*, vol. 4, part 2, 23쪽 이하 참고). 명나라 때 발달한 관습에 따르면 국가는 수공업자들을 징발해 상대적으로 낮은 보수를 주고 국가의 일을 시킬 수 있었다. 샤를리에 신부는 아마도 이런 유형의 강제 노동을 가리킨 것 같다. 이런 강제 부역 체계에 대해서는 Ho, *Ladder of Success*, 56~57쪽을 참고.
87. Prodan, *Chinese Art*, 26쪽.
88. Friese, *Zum Aufstieg von Handwerken*, 161~172쪽은 중국 수공업자들의 전기를 모아 펴내는 일이 매우 어렵다고 지적했다. 이러한 사실 하나만으로도 "사대부"가 과거제의 자격을 갖추지 못한 사람들이 자신들과 동등한 지위로 진입하는 데 강력히 반대했다는 것을 알 수 있다. 그러한 사람들은 그냥 무시되었다. Needham, *Poverty and Triumphs*, 130~131쪽은 3세기의 독창적인 발명가이자 기술자인 마균馬鈞의 삶을 언급하면서 "마균은 고전 경전 전통으로 다져진 교양 있는 학자들과 논쟁할 수 없었고 그를 칭송하는 사람들의 노력에도 불구하고 나라에서 아무런 중요한 자리도 얻지 못했으며 실제적인 시험을 통해 자신의 발명품의 가치를 입증할 만한 수단도 얻지 못했다."라고 말한다. 이 문제 전체에 대해서는 Ho, *The Ladder of Success*, 41쪽 이하와 56쪽

이하를 참고.
89. 일본 영주들이 일본인 시계공을 총애한 사례에 대해서는 塚田泰三郞, 『和時計』, 67쪽과 69쪽, 凡人社, 『大人名事典』, 67쪽을 보라. 중국에서는 반대로 배로가 정확히 본 대로(Travels in China, 306쪽) "제아무리 창의적이라 한들 새로운 발명에 대한 자극이 전반적으로 부족한 것은 기술과 제품의 진보를 크게 저해해왔다."
90. Nieuhoff, Embassy to China, 296쪽은 모문룡毛文龍이 만주족의 침략에 맞서 네덜란드 대포를 사용했다고 전하면서 모문룡이 "광동 성 출신으로 그곳에서 마카오의 포르투갈인과 대화를 나누며 군사 문제와 관련한 여러 지식을 배우고 깨우쳤다."라고 언급한다. 18세기 말에 배로(Travels in China, 306쪽)는 중국인들은 "이제 런던과 마찬가지로 이곳 광동에서, 그것도 런던의 삼분의 일 비용으로" 시계를 만들어낸다고 언급했다. 다른 한편으로 보수주의는 내륙 지방에서 특히 강해서 19세기 중반에도 내륙의 총독들은 여전히 일체의 혁신, 특히 서양 사상과 기술을 채택하는 데 저항했다(Chen, Lin Tse-hsü, 58~60쪽).
91. Nieuhoff, Embassy to China, 166쪽.
92. Ho, Population of China, 264~270쪽.
93. Taeuber, Population of Japan, 20쪽.
94. Crawfurd, Indian Archipelago, 525쪽은 중국의 해안 지역이 방대한 땅덩어리에 비해 매우 제한적이었다고 지적했다.
95. Sheldon, Rise of the merchant class in Tokugawa Japan.
96. Dermigny, Commerce à Canton, vol. 1, 63쪽과 69쪽을 보라.

에필로그
1. 이 주제에 관해 구할 수 있는 최상의 저작은 여전히 Bilfinger, Die Mittelalterlichen이다. Franklin, Mésure du temps, 63쪽 이하, Usher, Mechanical inventions, 208쪽, le Goff, Le temps du travail, 597쪽 이하, le Goff, Temps de l'Eglise et temps du marchand, 424쪽 이하, Fasano-Guarini, Commet naviguent les galères, 281~282쪽도 참고할 수 있다.
2. Peate, Clock and Watch Makers, 14쪽.

3. Franklin, *Mésure du temps*, 139쪽.
4. Froissart, *Li Orloge amoureuses*.
5. Renier, *Gaspare Visconti*, 541~542쪽.
6. Rossi, *I Filosofi e le macchine*, 143~145쪽. White, *Medieval Technology*, 125쪽에 따르면 우주를 시계 장치에 비유하는 표현을 처음 만날 수 있는 곳은 니콜라스 오레스무스(Nicolas Oresmus)(1382년 사망)의 작품에서이다. 여기서 우주는 신이 창조해 작동시키는 거대한 시계 장치로서 "모든 톱니바퀴들이 아주 조화롭게 움직인다."
7. Scitovsky, *Papers*, 219쪽 이하.
8. de Saint Exupéry, *Wind, Sand and Stars*(「인간의 대지」), 71~72쪽.

| 참고문헌 |

Abel, C. *Narrative of a Journey of China (1816-17)*. London, 1818.
Annali della Fabbrica del Duomo. Milan, 1877.
Atkins, S. E., and W. H. Overall. *Some Account of the Worshipful Company of Clockmakers of the City of London*. London, 1881.
Atton, H., and H. H. Holland. *The King's Customs*. London, 1908.

Babel, A. "Histoire corporative de l'horlogerie, de l'orfèvrerie et des industries annexes," in *Mémoires et Documents publiés par la Société d'Histoire et d'Archéologie de Genève*, vol. 33, Geneve, 1916.
Babel, A. "Les premiers horlogers genevois," in *Journal Suisse d'horlogerie*, 2 (1912), 34~37쪽.
Babel, A. "L'horlogerie genevoise á Constantinople et dans le Levant du XVIIIme siècle," in *Etrennes genevoises*, 1927 (1926), 61~74쪽.
Babel, A. "Un horloger genevois du XVIme siècle, Charles Cusin," in *Le Collaborateur*, 12 (1930), 1~4쪽.
Babel, A. *La fabrique genevoise*. Neuchatel-Paris, 1938.
Babel, A. "Les foires d'autresfois et les horlogers de Genève," in *Journal Suisse des horlogers*, (April 1943), 29~30쪽.
Babel, A. *Histoire economique de Genève*. Genève, 1963.
Babinger, F. "Maometto II il Conquistatore e l'Italia," in *Rivista Storica*

Italiana, 63 (1951), 469~505쪽.

Baillie, G. H. *Watchmakers and Clockmakers of the World*. London, 1929.

Ball, J. D. *Things Chinese*. Hong Kong, 1903.

Barbieri, G. "I redditi dei milanesi all'inizio della dominazione spagnola," in *Rivista Internazionale di Scienze Sociali*, 45 (1937), 759~781쪽.

Barrow, J. *Travels in China*. London, 1804.

von Bassermann-Jordan, E. *Uhren*. H. von Bertele (ed.). Brunswick, 1961.

Battara, P. *La popolazione di Firenze alia metà del 1500*. Florence, 1935.

Bavoux, E. *Voltaire à Ferney. Sa correspondance avec la duchesse de Saxe-Gotha*. Paris, 1865.

Bedini, S. A. "Chinese mechanical clocks," in *Bulletin of the National Association of Watch and Clock Collectors*, 7 (1956), 211~221쪽.

Bedini, S. A. *Johann Philipp Treffler Clockmaker of Augsburg*. Columbia, 1956.

Bedini, S. A. "Agent for the Archduke. Another chapter in the story of Johann Philipp Treffler, clockmaker of Augsburg," in *Physis*, 3 (1961), 137~158쪽.

Bedini, S. A. "The Scent of Time," in *Transactions of the American Philosophical Society* N. S., vol. 53, part 5. Philadelphia, 1963.

Beillard, A. *Recherches sur l'Horlogerie*. Paris, 1895.

Belgrano, L. T. "Degli antichi orologi pubblici d'Italia con aggiunte e notizie della Posta in Genova," in *Archivio Storico Italiano*, 7 (1868), 28~68쪽.

Beltrami, D. *Storia della popolazione di Venezia dalla fine del secolo XVI alla caduta della Repubblica*. Padova, 1954.

Ben-David, J. "Scientific Growth: a socialogical view," in *Minerva* (1964), 455~476쪽.

Bergier, J. F., and L. Solari. "Histoire et élaboration statistique. L'exemple de la population de Genève au XVe siècle," in *Mélanges d'histoire économique et sociale en hommage au professeur Antony Babel*, vol. I, 197~225쪽. Geneva, 1963.

von Bertele, H. "Precision Time-keeping in the pre-Huygens Era," in *Horological Journal*, 95 (1953), 794~816쪽.

Bertolotti, A. "Le Arti minori alla Corte di Mantova nei socoli XV, XVI e XVII," in *Archivio Storico Lombardo*, 15 (1888), 259~318쪽과 419~590쪽.

Bettray, J. *Die Akkomodationsmethode des P. Matteo Ricci S. J. in China*. Rome, 1955.

Bianquis, J. *La Révocation de l'Édit de Nantes à Rouen*. Rouen, 1885.

Bilfinger, G. *Der Bürgerliche Tag*. Stuttgart, 1888.

Bilfinger, G. *Die Mittelalterlichen Horen und die Modernen Stunden. Ein Beitrag zur Kulturgeschichte*. Stuttgart, 1892.

凡人社 엮음. 『大人名事典』. 東京, 1955.

Bonnant, G. "The Introduction of Western Horology in China," in *La Suisse Horlogère*, I (1960), 28~38쪽.

Borchardt, L. *Die altägyptische Zeitmessung*. Berlin, 1920.

du Bourg, A. "Coup d'oeil historique sur les diverses corporations de Toulouse," in *Mémoires de la Société Archéologique du Midi de la France*, 13 (1883~1885), 257~296쪽; 14 (1886~1889), 52쪽~103쪽.

Bourriau, R. P. *Notes pour servir à l'histoire des horlogers à la Rochelle du XVIe siècle au début du XVIIIe siècle*. Besançon, 1934.

Boxer, C. R. "The Portuguese in the East," in *Portugal and Brazil*, H. V. Livermore (ed.). Oxford, 1953.

Boxer, C. R. *The Dutch Seaborne Empire 1500-1800*. London, 1965.

Boyle, R. *Works*, London, 1772.

van Braam, A. E. *An authentic account of the Embassy of the Dutch East India Company*. London, 1798.

Brett, G. "The Automata in the Byzantine Throne of Solomon," in *Speculum*, 29 (1954), 477~487쪽.

Bring, S. E. "A Contribution to the Biography of Christopher Polhem," in *Christopher Polhem, the father of Swedish Technology*. Hartford, Conn.,

1963.

Britten, F. J. *Old Clocks and Watches and Their Makers* (7th edn., ed. and revised by G. H. Baillie, C. Clutton and C. A. Ilbert). New York, 1956.

Brown, D. M. "The Impact of Fire-arms on Japanese Warfare," in *The Far Eastern Quarterly*, 7 (1948), 236~253쪽.

Brown, H. *Scientific Organizations in Seventeenth Century France*. Baltimore, 1934.

Brune, P. *Dictionnaire des Artistes et ouvriers d'art de la Franche-Comté*. Paris, 1912.

Brusoni, G. *Varie osservationi sopra le Relazioni Universali di G. Botero*. Venice, 1659.

Bruton, E. *Dictionary of Clocks and Watches*. New York, 1963.

Caffi, M. "Il Castello di Pavia," in *Archivio Storico Lombardo*, 3 (1876), 543~559쪽.

Campori, G. "Gli orologieri degli Estensi," in *Atti e Memorie delle RR. Deputazioni di Storia patria per le Provincie dell'Emilia*, N. S., vol. 2 (1877), 243~265쪽.

Canetta, C. "Vicende edilizie del Castello di Milano," in *Archivio Storico Lombardo*, 10 (1883), 327~380쪽.

Carletti, F. *My Voyage around the World*, H. Weinstock, (ed.). New York, 1964.

Carsten, F. L. "Medieval Democracy in the Brandenburg Towns and Its Defeat in the Fifteenth Century," in S. L. Thrupp, (ed.). *Change in Medieval Society*. New York, 1964, 297~313쪽.

Cary, J. *A discourse on trade, and other matter relative to it*. London, 1745.

Caussy, F. *Voltaire, Seigneur de Village*. Paris, 1912.

Chapuis, A. (with the collaboration of G. Loup and L. de Saussure). *La Montre Chinoise*. Neuchatel, 1919.

Chapuis, A. "Voltaire horloger, Catherine II et la Chine," in *Hora*, July 1921.

Chapuis, A. *Le Grand Frédéric et ses horlogers*. Lausanne, 1938.

Chapuis, A., and E. Gelis. *Le Monde des Automates*. Paris, 1928.
Chapuis, A., and B. Droz. *Automata: a Historical and Technological Study*. Neuchatel-London, 1958.
Chapuisat, E. *Le commerce et l'industrie à Genève pendant la domination française*. Geneva-Paris, 1908.
Chaudhuri, K. N. "The East India Company and the Export of Treasure in the Early Seventeenth Century," in *The Economic History Review*, 16 (1963), 23~38쪽.
Chen, G. *Lin Tse-Hsü*. Peiping, 1934.
Chiang, M. *Tides from the West*. New Haven, 1947.
Chiu, Kai-ming. "The Introduction of Spectacles into China," in *Harvard Journal of Asiantic Studies* (1936), 186~193쪽.
Cipolla, C. M. "The Decline of Italy," in *The Economic History Review*, second series, 5 (1952), 178~187쪽.
Cipolla, C. M. *Guns and Sails in the Early Phase of European Expansion*. London, 1965(「대포, 범선, 제국」, 최파일 옮김, 미지북스, 2010년).
"Codex Carolinus seu volumen Epistolarum," in *Recueil des Historiens des Gaules et de la France*, Vol. 5, 485~636쪽. Paris, 1869.
Crawfurd, J. *History of the Indian Archipelago*. London-Edinburgh, 1820.
Crombie, A. C. *Medieval and Early Modern Science*. New York, 1959.
Cunningham, W. *Alien Immigrants to England*. London, 1897.

Daumas, M. *Les instruments scientifiques au XVIIe et XVIIIe siècles*. Paris, 1953.
Davari, S. "Notizie storiche intorno al pubblico orologio di Mantova," in *Atti e Momorie della R. Accademia Virgiliana di Mantova*. 1884, 211~227쪽.
Defossez, L. *Les savants du XVIIe siècle et la mésure du temps*. Lausanne, 1946.
de Guignes, see Guignes.

de Larborde, see Larborde.

de Lespinasse, see Lespinasse.

D'Ella, L. *Fonti Ricciane*. Rome, 1942~1949.

Delisle, L. *Mandements et actes divers de Charles V (1364-1380)* (Collection de Documents inédits sur l'Histoire de France). Paris, 1874.

de Pisan, Ch., see Pisan.

Dermigny, L. *La Chine et l'Occident: le commerce à Canton au XVIIIe siècle 1719~1833*. Paris, 1964.

Dermigny, L. *Les Mémoires de Charles de Constant sur le commerce à la Chine*. Paris, 1964.

de Saint Exupéry, A. *Wind, Sand and Stars*. New York, 1939(「인간의 대지」, 허희정 옮김, 펭귄클래식코리아, 2009년).

de Solla Price, see Solla Price.

Develle, E. *Les Horlogers Blésois au XVIe et au XVIIe siècle* (2nd edn.). Blois, 1917.

Dijksterhuis, E. J. *The Mechanisation of the World Picture*. Oxford, 1961.

Dobel, P. *Sept années en Chine*. Paris, 1842.

Dondi Dall'Orologio, G. *Tractatus Astrarii*, A. Barzon, E. Morpurgo, A. Petrucci, G. Francescato (eds.), Codices ex ecclesiastics Italiae Bibliothecis selecti, vol. 9 Rome (Città del Vaticano), 1960.

Doren A. *Deutsche Handwerker und Handwerkerbruderschaften in mittelalterlichen Italien*. Berlin, 1903.

Doüet-D'Arcq, L. *Comptes de l'hôtel des Rois de France au XIVe et XVe siècles*. Paris, 1865.

du Bourg, see Bourg.

Duby, G. *L'économie rurale et la vie des campagnes dans l'Occident médiéval*. Paris, 1962.

Duby, G. "Le problème des techniques agricoles," in *Agricoltura e mondo rurale in Occidente nell' alto medioevo*. Spoleto, 1966.

Du Halde, J. B. *The general history of China*. London, 1741.
Duyvendak, J. L. "The last Dutch Embassy to the Chinese Court (1794-5)," in *T'oung Pao*, 34 (1939), 1~137쪽.
Duyvendak, J, L. "Supplenmentary documents on the last Dutch Embassy to the Chinese Court," in *T'oung Pao*, 35 (1940), 340~348쪽.

Enshoff, D. "Riccis Uhren," in *Die Katolischen Missionen*, 65 (1937), 190~194쪽.
L'excellence de l'horlogerie (by I.B.). Geneva, 1689.

Falconet. "Dissertation sur les anciennes horloges et sur Jacques Dondi, surnomme Horologius," in *Collection des meilleurs dissertations, notices et traités particuliers relatifs à l'histoire de France*, C. Leber (ed.), vol. 16, 384~409쪽. Paris, 1838.
Fallet-Scheurer, M. *Geschichte der Uhrmacherkunst in Basel 1370-1874*. Bern, 1917.
Fanfani, A. *Storia del lavoro in Italia dalla fine del sec. XV agli inizi del XVIII*. Milano, 1943.
Fasano-Guarini, E. "Comment navaguent les galères," in *Annales E. S. C.*, 16 (1961), 279~296쪽.
Fillet. "Les horloges publiques dans le Sud-Est de la France," in *Bulletin Archéologique du Comité des Travaux Historiques et Scientifiques*, 20 (1902), 101~119쪽.
Finley, M. I. "Technical Innovation and Economic Progress in the Ancient World," in *The Economic History Review*, ser 2, vol. 18 (1965), 29~45쪽.
Fleming, J. A. *Flemish Influence in Britain*. Glasgow, 1930.
Franklin, A. *La vie privée d'autrefois*, vol. 4: *La mésure du temps*. Paris, 1888.
Franklin, A. *Dictionnaire historique des arts, métiers et professions exercés dans Paris depuis le treizième siècle*. Paris-Leipzig, 1906.
Friese, H. "Zum Aufstieg von Handwerken ins Beamtentum während der

Ming-Zeit," in *Oriens Extremus*, 6 (1959), 161~172쪽.

Frischholz, G. "Nürnberg in der Geschichte der Uhren," in *Deutsche Uhrmacher-Zeitung*, 21, 252~260쪽.

Froissart, J. "Li Orloge Amoureuses," A. Scheler (ed.), in *Oeuvres de Froissart, Poésies*, vol. I, 53~86쪽, Bruxelles, 1870~1872.

Fryke, Chr. "A Relation of a Voyage Made to the East Indies (1680-1686)," in C. E. Fayle (ed.), *"Voyage to the East Indies."* London, 1929.

Galiot, H. *Le métier d'horloger en Franch-Comté des origines à 1900* (Thése 1954, dactyl.—copy at the Université de Paris—Faculté de Droit).

Garzoni, T. *La Piazza Universale di tutte le professioni del mondo*. Venice, 1595.

Gatty, A. *The Book of Sun-dials*, H. K. F. Gatty and E. Lloyd (eds.). London, 1889.

Geanakoplos, D. J. "A Byzantine look at the Renaissance: the attitude of Michal Apostolis toward the rise of Italy to cultural eminence," in *Greek and Byzantine Studies*, I (1958), 157~162쪽.

Geisendorf, P. F. "Métiers et conditions sociales du premier Refuge à Geneve (1549-1587)," in *Mélanges d'histoire économique et sociale en hommage au professeur Antony Babel*, vol. I, 239~249쪽. Geneve, 1963.

Gelis, E., *L'Horlogerie ancienne*, Paris, 1949.

Genicot, L. "On the Evidence of Growth of Population in the West from the Eleventh to the Thirteenth Century," in S. L. Thrupp (ed.), *Change in Medieval Society*, 14~29쪽. New York, 1964.

George, D. *London Life in the Eighteenth Century*. London, 1925.

Giersberg, J. "Kölner Uhrmacher im 15 bis 19 Jahrhundert," in *Beitrage zur Kölnischen Geschichte—Sprache*, vol. 1, no. 4 (Mai 1915), 274~291쪽.

Gloria, A. "L'orologio di Jacopo Dondi nella Piazza dei Signori in Padova," in *Atti e Memorie della R. Accademia di Scienze, Lettere ed Arti in Padova*,

286 (1885), 233~293쪽.

Gresy, E. "Inventaire des objets d'art composant la succession de Florimond Robertet, ministre de François Ier," in *Mémoires de la Société Impériale des Antiquaires de France*, vol. 30 (1868), 1~66쪽.

Griselini, F. *Dizionario delle arti e de' mestieri*, M. Fossadoni (ed.). Venice, 1771.

Guicciardini, F. "Relazione di Spagna (1512-13)," in R. Palmarocchi (ed.), *Opere*. Bari, 1936.

de Guignes, J. C. L. *Voyages à Peking, Manille et l'Ile de France*. Paris, 1808.

Gümbel, A. *Peter Henlein, der Erfinder der Taschenuhren*. Halle, 1924.

Hall, A. R. "The Scholar and the Craftsman in the Scientific Revolution," in *Critical Problems in the History of Science*, M. Clagett (ed.). Madison, Wis., 1959.

Hamilton, H. *The English Brass and Copper Industries to 1800*. London, 1926.

Harcourt-Smith, S. *A Catalogue of Various clocks, watches, automata and other Miscellaneous objects of European workmanship dating from the XVIIIth and the early XIXth centuries in the Palace Museum and the Wu Ying Tien, Peiping*. Peiping, 1933.

Hauser, F., and E. Wiedemann, see Wiedemann.

Henrard, P. "Documents pur servir à l'histoire de l'artillerie en Belgique. Les fondeurs d'artillerie," in *Annales de l'Acadèmic d'Archèologie de Belgique*, 45 (1889), 237~281쪽.

Henslow, T. G. W. *Ye sundial Booke*. London, 1914.

Histoire de l'Academie Royale des Inscriptions et belles-lettres. Paris, 1736.

Ho, Ping-Ti. *The Ladder of Success in Imperial China. Aspects of Social Mobility 1368-1911*. New York, 1964.

Ho, Ping-Ti. *Studies on the Population of China 1368-1953*. Cambridge, Mass., 1959.

Hogg, W. *The Book of Old Sundials and Their Mottoes*. London, Edinburgh, Boston, 1917.

Hoogewerff, G. J. *De geschiedenis van de St. Lucasgilden in Nederland*. Amsterdam, 1947.

Horský, Z., and E. Procházka. "Pražský Orloj," in *Acta Historiae Rerum Naturalium nec non Technicarum* 9, Prague, 1964, 83~146쪽.

"Instructions sublimes et familiaires de Cheng-Tzu-Quogen-Hoang-Ti," in *Mémoires concernant l'histoire, les sciences, les arts, les moeurs, les usages etc. des Chinois par les missionaires de Pekin*, vol. 9. Paris, 1783.

Jaquet, and A. Chapuis, *Histoire et technique de la Montre Suisse de ses origines à nos jours*. Basel, 1945.

Jones, R. F. *Ancients and Modern*, in *Washington University Studies, n.s., Language and Literature*, no. 6, St. Louis, 1936.

Kaempfer, E. *The history of Japan together with a description of the kingdom of Siam 1690-2*, J. G. Scheuchzer (ed.). Glasgow, 1906.

Keller, A. G. "A Byzantine admirer of 'Western' progress: Cardinal Bessarion," in *Cambridge Historical Journal*, II (1955), 343~348쪽.

Kistner, A. *Die Schwarzwälder Uhr*. Karlsruhe, 1927.

Kurz, O. *European Clocks and Watches in the Near East*. Warburg, 1976.

Labarte, J. (ed.). "Inventaire du mobilier de Charles V, rois de France," in *Collection de Documents inédits sur l'histoire de France*, Ser. III. Paris, 1879.

de Laborde. *Notice des émaux, bijoux et objects divers exposés dans les Galéries du Musée du Louvre*. Paris, 1853.

Lamalle, E. :La propagande du P. Nicolas Trigault en faveur des missions de

Chine (1616)," in *Archivum Historicum Socielatis Jesu* 9 (1940), 49~120쪽.

Lambros, S.P. "Ipomnima tou Kardiniliou Vissarionos," in *Neos Hellenomnemon*, 3 (1906), 15~27쪽.

Lecocq, A. "Notice historique et archeologique sur les horloges de Chartres," in *Mémoires de la Société Archéologique d'Eure et Loire*, 4 (1867), 284~340쪽.

Le Comte, L. *Empire of China*. London, 1737.

Le Goff, J. "Au Moyen Age: temps de l'Église et temps du marchand," in *Annales, E.S.C.*, 15 (1960), 417~433쪽.

Le Goff, J. "Le Temps du Travail dans la crise du XIVe siècle: du temps médiéval au temps moderne," in *Le Moyen Age*, 69 (1963), 597~613쪽.

de Lespinasse, R. *Les métiers et corporations de la Ville de Paris* (Coll. Histoire Générale de Paris). Paris, 1886~1897.

Lewis, A. "The Closing of the Medieval Frontier," in *Speculum*, 33 (1958).

Liisberg, B. *Urmagare og Ure i Danmark*. Copenhagen, 1908.

van Linschoten, J. H. *The Voyage to the East Indies*, A. C. Burnell and P. A. Tiele (eds.). London, 1885.

Lloyd, H. A. *Giovanni de Dondi's Horological Masterpiece of A.D. 1364*. London (priv. pr.), 1954.

Lloyd, H. A. *Some Outstanding Clocks over Seven Hundred Years 1250–1950*. London, 1958.

Lopez, R. S. "Venezia e le grandi linee dell'espansione commerciale nel sec. XIII," in *La Civiltà Veneziana del secolo di Marco Polo*, 37~82쪽. Venice, 1955.

Lopez, R. S. "L'extrème frontière du commerce de l'Europe médiévale," in *Le Moyen Age*, 69 (1963), 479~490쪽.

Lundwall, S. *Stjämsundsuren Väggurtillverkningen vid ett 1700-tals bruk*. Stockholm, 1949.

Luzzatto, G. "Cenni intorno alla vita e alle opere storiche di Girolamo

Brusoni," in *Ateneo Veneto*, 21 (1898), 273~305쪽 and 22 (1899), 6~26쪽 and 226~244쪽.

Manetti, A. *Vita di Filippo di ser Brunellesco*, E. Toesca (ed.). Florence, 1927.
Mariani, M. *Vita Universitaria Pavese nel secolo XV*. Pavia, 1899.
Michel, H. "L'Horloge de Sapience et l'histoire de l'horlogerie," in *Physis*, 2 (1960), 291~298쪽.
Michel, R. "Les prémières horloges du Palais Pontifical d'Avignon," in *Mélanges d'Archéologie et d'Histoire de l'École Française de Rome*, 29 (1909), 213~224쪽.
Miclet, P. "L'horloge de la Cathédrale de Beauvais; son auteur, le chanoine Étienne Musique," in *Mémoires de la Société académique de l'Oise*, 22 (1913), 237~256쪽.
Monreal y Teyada, L. *Relojes antiguos (1500-1850): colection F. Perez de Olaguer-Felieu*. Barcelona, 1955.
Morpurgo, E. *L'origine dell'orologio tascabile*. Rome, 1954.
Morpurgo, E. *L'orologio e il pendolo*. Rome, 1957.
Morpurgo, E. *Dizionario degli orologiai italiani*. Rome, 1950.
Morpurgo, E. "Una bottega di orologiai del Quattrocento," in *La Clessidra*, 15 (January 1959).
Morpurgo, E. "Acuni appunti sugli orologiai della Volpaia," in *La Clessidra*, 15 (September 1959), 23~26쪽.
Morpurgo, E. "Sul contributo dei meccanici italiani nel campo della piccola orologeria," in *Physis*, 3 (1961), 166쪽.
Morpurgo, E. "Raffronto tra l'Astrario e il Planetario del Dondi," in *La Clessidra*, 19 (September 1962), 37~46쪽.
Morpurgo, E. "Ruote o molle?" in *La Clessidra*, 21 (September 1965), 31~32쪽.
Morse, H. B. *The Chronicles of the East India Company Trading to China 1635-1834*. Cambridge, Mass., 1926.

Moryson, F. *Itinerary*, C. Hughes (ed.). London, 1903.
Motta, E. "Musici alla Corte degli Sforza," in *Archivio Storico Lombardo*, 14 (1887), 29~64쪽; 278~340쪽; 514~561쪽.
Muratori, L. A. *Dissertazioni sopra le Antichità Italiane*. Milan, 1751.
Muratori, L. A. *Rerum Italicarum Scriptores*. Milan, 1723~1770.

N.N. "Tedeschi in Milano nel Quatrocento," in *Archivio Storico Lombardo*, 19 (1892), 996~999쪽.
N.N. "Das Augsburger Uhrmachergewerbe," in *Augsburger Rundschau*, 4 (January, 14, 1922), 205쪽 이하.
N.N. *Relojes del Patrimonio Nacional*. Barcelona, 1965.
N.N. "Un eccezionale orologio del 1585 appartenuto al Re di Svezia," in *La Clessidra*, 21 (November 1965), 43쪽.
Needham, J. *Science and Civilization in China*. Cambridge, 1954 ff(「중국의 과학과 문명」(전 3권), 임정대 등 옮김, 을유문화사, 1997~1998년).
Needham, J., Wang Ling, and D. J. de Solla Price. *Heavenly Clockwork*. Cambridge, 1960.
Needham, J. "Poverties and Triumphs of the Chinese Scientific Tradition," in *Scientific Change*, A. C. Crombie (ed.). London, 1963, 117~153쪽.
Nieuhoff, J. *An Embassy to China* (1655). London, 1669.

Oldewelt, W. F. H. "De beroepsstructuur van de bevolking der Hollandse stemhebbende steden volgens de Kohieren van de familiegelden van 1674, 1715 en 1742," in *Economisch Historisch Jaarboek* 24 (1950), 80~161쪽.
Olschki, L. *Guillaume Boucher, a Frence Artist at the Court of the Khans*. Baltimore, 1946.
Ornstein, M. *The Role of the Scientific Societies in the Seventeenth Century*. New York, 1913.

Osbeck, P. *A Voyage to China and the East Indies*. London, 1771.
Ottema, N. *Geschiedenis van de uurwerkmakerskunst in Friesland*. Assen, 1948
P.P. "L'orologio dell'Ospedale Maggiore di Milano nel sec. XV," in *Archivio Storico Lombardo*, 44 (1917), 687~688쪽.

Page, W. (ed.). *The Victoria History of the Country of Middlesex*. London, 1911.
Panikkar, K. M. *Asia and Western Dominance*. London, 1961.
Peate, I. C. *Clock and Watch Makers in Wales*. Cardiff, 1945.
Pelliott, P. "Bulletin Critique" (review of A. Chapuis, *La Montre Chinoise*), in *T'oung Pao*, ser. 2, vol. 20 (1920~1921), 61~68쪽.
Pfister, L. *Notices biographiques et bibliographiques sur les Jésuites de l'ancienne mission de Chine*. Shanghai, 1932.
Pholien, F. *L'Horlogerie et ses Artistes au Pays de Liége*. Liége, 1933.
Pieris, P.E., and M. A. H. Fitzler. *Ceylon and Portugal*. Leipzig, 1927.
Pirenne, H. *Historie de la Belgique*. Bruxelles, 1911.
De Pisan, Ch. "Le livre des fais et bonnes meurs du sage Roy Charles V," in *Nouvelle Collection des Mémoires pour servir à l'histoire de France*, Vols. 1 and 2. Paris, 1836.
Planchon, M. *L'Horloge, son histoire retrospective*. Paris, 1925.
Pohl, H. *L'Homme à la poursuite du temps*. Paris, 1957.
Prodan, M. *Chinese Art*. New York, 1958.

Rachel, H. *Das Berliner Wirtschaftsleben im Zeitalter des Frühkapitalismus*. Berlin, 1931.
Raynaud, G. "Paris en 1596 vu par un Italien," in *Bulletin de la Société de l'Histoire de Paris et de l'Ile-de-France*, 12 (1885), 164~170쪽.
Renier, R. "Gaspare Visconti," in *Archivio Storico Lombardo*, 13 (1886), 509~562쪽 and 777~824쪽.

Reti, L., "Francesco di Giorgio Martini's Treatise on Engineering and its Plagiarists," in *Technology and Culture*, 4 (1963), 287~298쪽.

Reverchon, L., *Petite histoire de l'Horlogerie*. Besançon, s.d.

Robertson, J. D. *The Evolution of Clockwork with a special section on the Clocks of Japan*. London, 1931.

Rossi, P. *I filosofi e le macchine*. Milan, 1962.

Rubbiani, A. "L'orologio del comune di Bologna e la sfera del 1451," in *Atti e Memoire della R. Deputazione di Storia Patria per le Province di Romagna*, ser. 3, vol. 26 (1908), 349~366쪽.

Sandoz, Ch. *Les Horloges et les maîtres horlogeurs à Besançon du XVe siècle à la Révolution Françoise*. Besançon, 1905.

Sarreira, R. "Horas boas e horas más para a civilização chinesa," in *Broteria*, 36 (1943), 518~528쪽.

Savari, J. *Dictionnaire universel du Commerce*. Copenhagen, 1761.

Say, J. B. *Cours complet d'économie politique*. Bruxelles, 1840.

Scitovsky, T. *Papers on Welfare and Growth*. London, 1964.

Schade, F. *Uhrmacher Lexicon*. Weimar, 1855.

Schenk, A. *Die Uhrmacher von Winterthur und ihre Werke*. Winterthur, 1958.

Schultheis, W. "Peter Henlein," *Nürnberger Gestalten aus neum Jahrhunderten*, Nürnberg, 1950, 91~94쪽.

Schurz, W. L. *The Manila Galleon*. New York, 1959.

Scoville, W. C. *The Persecution of Huguenots and French Economic Development, 1680-1720*. Berkeley-Los Angeles, 1960.

Sellergren, G. "Polhem's Contributions to Applied Mechanics," in *Christopher Polhem the Father of Swedish Technology*. Hartford, Conn., 1963.

Sevcenko, I. "The Decline of Byzantium Seen through the Eyes of Its Intellectuals," in *Dumbarton Oaks Papers*, 15 (1961), 167~186쪽.

Sheldon, C. D. *The Rise of the Merchant Class in Tokugawa Japan 1600-1868*.

Ann Arbor, 1958.

Sidenbladh, E. *Urmakare i Sverige under äldre tider*, Nordiska Museets Handlingar, 28. Stockholm, 1947.

Simoni, A. "Un orologio a cembalo in una miniatura quattrocentesca," in *La Clessidra*, 21, November 1965, 40~42쪽.

Slicher van Bath, B. H. *The Agrarian History of Western Europe, A.D. 500-1850*. London, 1963.

Smith, A. *The Wealth of Nations*. New York, 1937(「국부론」 상·하, 김수행 옮김, 비봉출판사, 2007년).

Smith, J. *Old Scottish Clockmakers*. Edinburgh, 1921.

de Solla Price, D. J. "On the Origin of Clockwork, Perpetual Motion and the Compass," in *U.S. National Museum Bulletin*, 218, Washington, 1959, 82~112쪽.

de Solla Price, D. J. "Mechanical Water Clocks of the Fourteenth Century in Fez, Morocco," in *Actes du I Congrès International d'Histoire des Sciences*, Paris, 1964, vol. I, 599~601쪽.

de Solla Price, D. J. "Automata and the Origins of Mechanism and Mechanistic Philosophy," in *Technology and Culture*, 5 (1964), 9~23쪽.

de Solla Price, D. J. *Science since Babylon*. New Haven and London, 1961.

Stone, L. "State Control in Sixteenth-Century England," in *Economic History Review*, vol. 17 (1947), 103~120쪽.

Symonds, R. W. *A History of English Clocks*. London and New York, 1947.

Taeuber, I. B. *The Population of Japan*. Princeton, 1958.

高林兵衛. 「時計發達史」. 東京, 1924.

Thomas, P. J. *Mercantilism and the East India Trade*. London, 1963.

Thorndike, L. *A History of Magic and Experimental Science*. New York, 1934.

Thorndike, L. "Milan Manuscripts of Giovanni de Dondi's Astronomical Clock and of Jacopo de Dondi's Discussion of Tides," in *Archeion*, 18 (1936),

308~317쪽.

Thorndike, L. "Invention of the Mechanical Clock about A.D. 1271," in *Speculum*, 16 (1941), 242~243쪽.

塚田泰三郎.『和時計』. 東京, 1960.

Ullyett, K. *British Clocks and Clockmakers*. London, 1947.

Ungerer, A. and Th. *L'Horloge astronomique de la Cathédrale de Strausbourg*. Strausbourg, 1922.

Ungerer, A. *Les horloges astronomiques et monumentales les plus remarquables de l'Antiquité jusqu' à nos jours*. Strausbourg, 1931.

Ungerer, T. "Les Habrechts: une dynastie d'horlogers strasbourgeois aux XVIe et XVIIe siècles," in *Archives alsaciennes d'histoire de l'art*. Strasbourg, 1925.

Urkundenbuch der Stadt Strassburg, H. Witte (ed.), vol. 7 of the Urkunden und Akten der Stadt Strassburg. Strasbourg, 1900.

Usher, A. P. A *History of Mechanical Inventions*. Boston, 1959.

van Braam, see Braam.

van Linschoten, see Linschoten.

van Werveke, see Werveke.

Vasari. *Le vite dei più eccellenti pittori, scultori, e architettie*, C. L. Ragghianti (ed.), Milan-Rome, 1942~1949.

Venturi, F. *Le origini dell' Enciclopedia*. Torino, 1963.

Verbiest, F. *Astronomia Europea sub Imperatore Tartaro—Sinico Cam-Hy*. Dillingen, 1687.

Vial, E., and C. Côte. *Les Horlogers Lyonnais de 1550 à 1650*. Lyon, 1927.

Vidier, A. "Les gouverneurs de l'horloge du Palais," *in Bulletin de la Société de l'histoire de Paris et de l'Ile-de-France*, 38 (1911), 95~103쪽.

"Vie de Saint Louis par le Confesseur de la Reine Marguerite," in *Recueil des*

Historiens des Gaules et de la France, vol. 20, Paris, 1840. 58~121쪽.

Vielliard, J. "Horloges et Horlogers catalans à la fin du Moyen Age," in *Bulletin Hispanique*, 63 (1961), 161~168쪽.

von Bassermann-Jordan E., see Bassermann.

von Bertele, see Bertele.

Wählin, Th. *Horologium mirabile Lundense*. Lund, 1923.

Ward, F. A. B. *Time Measurement*. London, 1958.

Weber, H. *La Compagnie Française des Indes (1604-1875)*. Paris, 1904.

van Werveke, A. "L'Horloge in *La Flandre Libérale*," March 25, 1932, reprinted in *Gedenkbladen uit het leven onzer voorouders*, 209~213쪽. Ghent, 1936.

White, L. *Medieval Technology and Social Change*. Oxford, 1963(「중세의 기술과 사회 변화」, 강일휴 옮김, 지식의 풍경, 2005년).

Wiedemann, E., and F. Hauser. *Ueber die Uhren im Bereich der Islamischen Kulture*. Halle, 1915.

Wiener, P. P., and A. Noland (eds.). *Roots of Scientific Thought*. New York, 1960.

Wright, F. A. (ed. and trans.) *The Works of Liudprand of Cremona*. London, 1930.

Zinner, E. *Die Ältesten Räderuhren und Modernen Sonnenuhren*, Bericht der Naturforschenden Gesellschaft 28. Bamberg, 1939.

Zinner, E. *Aus der Frühzeit der Räderuhr von der Gewichtsuhr zur Federzugsuhr*, Deutsches Museum—Abhandlungen und Berichte 22. München, 1954.

Zinner, E. *Deutsche und Niederländische Astronomische Instrumente, des 11-18 Jahrhunderts*. München, 1956.

Zinner, E. "Die Augsburger Uhrmacherei von 1550 bis 1650," in *Neue Uhrmacher-Zeitung*, 12 (1958), n. 16, 27~34쪽.

Zinner, E. "Wurde die Räderuhr in Deutschland oder in Italien erfunden," in *Die Himmelswelt*, 53 (1943), 17~22쪽.

| 옮긴이의 말 |

 카를로 치폴라의 『시계와 문명』은 중세부터 근대 초기까지 측시 기술과 시계의 발달을 통해 전작인 『대포, 범선, 제국』과 마찬가지로 기술, 사회, 문화 3자 간의 상호 작용을 살펴보는 책이다. 이 책이 다루는 주제와 학문적 위상에 관해서는 권두에 실린 앤서니 그래프턴의 소개 글이 훌륭히 설명하고 있으므로 이 자리에서 역자가 부연할 필요는 없을 것이다. 또한 치폴라 교수의 연구 활동과 상세한 저술 목록이 궁금한 독자들은 저자의 또 다른 저작 『중세 유럽의 상인들』(길, 2013년)에 실린 옮긴이 해제를 참고할 것을 권한다.

 번역은 저자가 쓴 영어판 *Clocks and Culture: 1300–1700* (Norton, 1967:2003)을 바탕으로 했으며 이탈리아어판 *Le macchine del tempo*(Il mulino, 1981:2011)도 참고했다. 여느 책과 마찬가지로 이 책 역시 여러 사람의 손을 거쳐 나올 수 있었다. 지면을 빌어 도움을 주신 분들에게 감사의 말을 전한다. 원고를 꼼꼼하게 읽고 문장을 자연스럽게 다듬어준 편집자 권순범 씨에게 감사드린다. 또 까다로운 번역어 선정에 귀중한 의견을 제시해준 출판사 대표 이지열 씨에게도 고마움을 전한다. 『대포, 범선, 제국』에 이어 치폴라 교수의 책을 다시금 번역하게 되어 영광이지만 혹여 오역으로 저자의 학문적 명성에 누를 끼치지는 않을지 걱정이 되는 것도 사실이다. 독자 여러분의 예리하고 건설적인 지적을 바란다.

2013년 7월
최파일

| 찾아보기 |

가 ──
가르드, 앙투안 드 라Garde, Antoine de la
　193
가르초니, T.Garzoni, T. 인용 97, 189
간치노토, 크리스토포로Ganzinotto,
　Cristoforo 174
갈릴레오 갈릴레이Galileo Galilei 87
강희제 129, 200, 201, 205
게리케, 오토 폰Guericke, Otto von 50
겐로쿠 시대 150
고다드, 존Goddard, John 104
공, 다니엘Gom, Daniel 174
공공 시계의 목록
　넌서치Nonsuch 102
　던디Dundee 80
　돌Dôle 173
　디종Dijion 180
　라로셸 98
　레조Reggio 67
　로망Romans 64, 180
　루앙 65

루체른Luzern 178, 180
룬드Lund 67
뤼베크Lübeck 67
리에주Liège 173
리옹 59, 174, 176, 179
만토바Mantova 59, 173, 184
몽벨리아르Montbéliard 183
몽텔리마Montélimar 64
몽펠리에Montpellier 172
밀라노 57, 59, 79
바젤Basel(성당) 178, 180
바젤Basel(마을) 180
뱅센Vincennes 58
베네치아 173, 180
베른Bern 67
베이징 128~129
보베Beauvais 57
볼로냐Bologna 58, 66~67, 176
브장송Besançon 180
샤르트르Chartres 58
솔즈베리Salisbury 80

스트라스부르Strasbourg 66, 87, 178, 180
아비뇽Avignon 177, 180, 185
애버딘Aberdeen 81, 191
오르비에토Orvieto 67
오툉Autun 79
웁살라Uppsala 81, 134
웰스Wells 67, 80, 175
자오칭 131
제네바 99~100, 180
제노바Genova 58, 174, 180, 189
카스트로노보Castronovo 174
클뤼니Cluny 58
파도바Padova 58
파리(궁젼) 58, 65, 81, 172, 173, 180
파리(다리) 64
파비아Pavia 174
페라라Ferrara 58, 179, 181
페르피냥Perpignan 65
포를리Forli 185
헨트Ghent 67, 171
과학혁명 46~50, 87쪽 이하
관리장(공공 시계 관리인) 58, 75, 79, 173~174, 181
광둥 134, 137, 145, 148~149, 203~204, 207, 209
교토 135, 144
굴대verge 55, 56, 87, 143, 161~164
귀도발도 델 몬테, 마리아Guidobaldo del Monte, Maria 35
귀차르디니, 프란체스코Guicciardini,

Francesco 인용 41~42
그리피, 피에트로Griffi, Pietro 183~184
그림자 시계(이집트) 170
금속 세공인 대장장이, 보석 세공인, 총포공, 자물쇠공을 보라.
기뉴, 크레티앵 루이 조제프 드Guignes, Chrétien Louis Joseph de 인용 134, 207
길드
시계공과의 관계 82~83, 86, 106~107, 109~110, 181~182, 186, 190, 192
초기 조직 형태 28~29

나 ———
나가사키 144, 149~150
나고야 144
나침반의 발명 47, 169
난징 120
낭트 칙령 폐지가 미친 영향 109~110, 195
네덜란드 43~44, 80, 97, 105, 117, 119, 133, 137, 149, 동인도회사도 보라.
노, 프랑수아Nawe, François 103
노스, 존North, John 15
놀레, 장 앙투안Nollet, Jean Antoine 187
뉘른베르크Nürenberg 82, 96~97, 99, 182, 188
뉴섬, 바살러뮤Newsam, Bartholomew 103
니덤 교수, 조지프Needham, Joseph 인용 17, 49, 57, 89, 199
니우호프, 요하너스Nieuhoff, Johannes 인용

참고문헌　　　　　　　　　　　　　　　　　　　233

148, 199, 209

다 ──
다시포디우스, 콘라드Dasypodius, Conrad 87, 185
단테 알리기에리Dante Alighieri 29, 57
대장장이(시계공) 79~80, 83~84, 125
대포 산업과 초창기 시계 제작의 연관 56, 79~80, 171
대포의 첫 사용 171
데이비드Daffyd 인용 157
덴마크 41~42, 80, 83, 117, 137, 138, 188, 195 시계 제조업 소재지도 보라.
도른폰 로숨, 게르하르트Dohrn-von Rossum, Gerhard 15
도시(중세 시기의 성장) 25쪽 이하, 56
도요토미 히데요시豊臣秀吉 135
도쿄 144, 에도도 보라.
도쿠가와 이에야스德川家康 135, 142
독일 26, 41, 44, 169, 아우크스부르크, 시계 제조업 소재지, 뉘른베르크도 보라.
돈디, 야코포 디Dondi, Jacopo di 67, 86
돈디, 조반니 데Dondi, Giovanni de' 67~68, 75, 84, 86, 163, 175
동인도회사(네덜란드) 137
동인도회사(영국) 119~120, 137
동인도회사(프랑스) 120, 122
뒤 알드, 장 밥티스트Du Halde, Jean Baptiste 인용 137
뒤듀이, 자크Duduict, Jacques 98
뒤러, 알브레히트Dürer, Albrecht 35

드롱델, 로랑Drondelle, Laurent 100
드뷔르주, 야콥Deburges, Jacob 86
드포세, 레오폴드Defossez, Léopold 17
딕비 경, 커넬름Digby, Sir Kenelm 158~159

라 ──
라네르스Randers 80
라로셸La Rochelle 98, 190
라멜리, 아고스티노Ramelli, Agostino 35
라모Rameau 187
라이니에리, 잔 카를로Rainieri, Gian Carlo 173
라이니에리, 조반니 파올로Rainieri, Giovanni Paolo 184
라이프니츠, 고트프리트 빌헬름Leibniz, Gottfried Wilhelm 87~88
랜즈, 데이비드Landes, David 15
램지, 패트릭Ramsay, Patrick 80
런던 82, 99, 101~106, 106쪽 이하, 138, 189~190, 192, 193~194, 195~196, 203, 207, 209
레오나르도 다빈치Leonardo da Vinci 34, 35, 47, 87
레이샤르, 장Reichart, Jean 183
레티, 그레고리오Leti, Gregorio 101
렌데나리아, 조반니 데Lendenaria, Giovanni de 174
로마 81, 179, 183
로버트슨, 존 D.Robertson, John D. 17
로베르테, 플로리몽Robertet, Florimond 177

로이드, H. 앨런Lloyd, H. Alan 인용 17, 69, 161
로타르Lothar 170
롱, 파멜라Long, Pamela 15
루미유, 폴Roumieu, Paul 195
루비니 부인Louvigny, Madame de 158
루앙Rouen 65, 195
루이 9세Louis IX 170
루이 11세Louis XI 77
르 루아, 쥘리앵Le Roy, Julien 111, 187
르 루아, 피에르Le Roy, Pierre 187
르 루아 라뒤리, 에마뉘엘Le Roy Ladurie, Emmanuel 12
르 비에, 토마Le Viez, Thomas 173
리미니의 볼투리오Volturio da Rimini 35
리스본 79, 109
리옹 59, 82~83, 85, 98, 99, 174, 176, 179, 185, 186, 193
리치, 마테오Ricci, Matteo 인용 122~123, 125~129, 131, 132, 136, 147~148, 199, 200, 201
리카도, 데이비드Ricardo, David 121
리타위트, 얀Lietuyt, Jan 80
린스호턴, J. H. 판Linschoten, J. H. van 인용 119
린지, 알렉산더Lyndsay, Alexander 81

마 ──
마균馬鈞 208
마닐라 198
마당馬堂 127~128
마드리드 132
마르티노, 버너비Martinot, Bernaby 104
마리아노, I.Mariano, I. 35
마이어, 오토Mayr, Otto 15
마카오 123~125, 148, 202
만프레디, 바르톨로메오Manfredi, Bartolomeo 59, 173, 185
매카트니, 조지, 얼Macartney, George, Earl 207
머지, 토머스Mudge, Thomas 86
메디치, 레오폴도Medici, Leopoldo(추기경) 187
메디치, 로렌초Medici, Lorenzo(일 마니피코) 87
메르펠덴, 게르트Merfelden, Gert 80
메를랭, 피에르Merlin, Pierre 180
메지에르, 필리프 드Maizières, Philippe de 인용 68~69, 175
모래시계 53, 134, 171
모리슨, 파인스Moryson, Fynes 인용 44~45, 97, 101
밀라노Milano 57~58, 59, 81, 183

바 ──
바덴Baden 108
바로초Baroccio 189
바르톨로메오 디 뉴돌로Bartolomeo di Gnudolo 66
바서만요르단, 에른스트 폰Bassermann-Jordan, Ernst von 17
바야르Bayard 100

바오로 1세Paul I 170
바흐, 요한 세바스티안Bach, Johann
  Sebastian 150
박서 교수, C. R. Boxer, C. R. 인용 117
발로, 에드워드Barlow, Edward 106
방앗간(중세 사회의 역할) 31, 168
방타봉, 장 마티외Ventavon, Jean Mathieu
  인용 133, 145
배로, 존Barrow, John 인용 136, 138~139,
  145, 205~206, 207, 209
백년전쟁이 프랑스에 미친 영향 41
베네치아Venezia 80, 113, 173, 180,
  183~184
베를린 80, 108
베사리온, 요한네스Bessarion, Joanes 인용
  38~40, 45, 67
베송, 자크Besson, Jacques 35
베이징 125쪽 이하, 131, 133, 145, 201,
  시계 소장품 목록도 보라.
베토벤, 루드비히 판Beethoven, Ludwig van
  150
벤델런, 호바르트Wendelen, Govaert 87
벨리아르Beliard 인용 111
보데커, 요스트Bodeker, Jost 78, 184
보석 세공인(시계공) 84, 85
보일, 로버트Boyle, Robert 49, 158
볼테르, 프랑수아 마리 아루에 드Voltaire,
  François Marie Arouet de 109
봉, 필리프Bon, Philippe 100
부르앙브레스Bourg-en-Bresse 111
불, 랜돌프Bull, Randolf 103

불시계 53, 122, 171, 199
뷔르기, 요스트Bürgi, Jost 78, 184
브람, A. E. 판Braam, A. E. van 인용
  133~134, 145, 202~204, 206~207
브루넬레스키, 필리포Brunelleschi, Filippo
  34, 76, 86,
브루소니, 지롤라모Brusoni, Girolamo 인용
  147
브리튼, 프레더릭 J.Britten, Frederick J. 인용
  17, 162, 184
브장송Besançon 173, 179, 180, 182, 185,
  196
블로흐 보렐, J. A.Block Borel, J. A. 95
블루아Blois 82, 85, 86, 96, 98, 104, 186,
  191, 193
비르투 백작Virtú, Count of 잔갈레아초 비
  스콘티를 보라.
비린구초, 바누초Biringuccio, Vanuccio 35
비베스, 후안 루이스Vives, Juan Luis 35
비스콘티, 가스파레Visconti, Gaspare 158
비스콘티, 갈레아초 2세Visconti, Galeazzo II
  175
비스콘티, 아초Visconti, Azzo 175
비스콘티, 잔갈레아초Visconti,
  Giangaleazzo 68, 175
비잔티움 제국
  베사리온도 보라.
  서양의 역전 38쪽 이하
  우수한 기술 수준 30, 36~39
비크, 앙리 드Vic, Henry de 81, 173, 179
빌라르 드 온느쿠르Villard de Honnecourt

38
빌라이예 Villayer, Monsieur de 105

사 ──

사바리 데 브뤼슬롱, 자크 Savary des
  Bruslons, Jacques 인용 107
상하이 201
생텍쥐페리, 앙투안 드 Saint-Exupéry,
  Antoine de 인용 159
샤르팡티에, 피에르 Charpentier, Pierre 100
샤를 5세 Charles V 58~59, 74, 81, 171,
  176
샤를리에, 발랑탱 Chalier, Valentin 인용
  129~130, 201, 208
샤를마뉴 Charlemagne 36, 171
선교사(아시아) 117쪽 이하, 예수회도 보라.
설리, 헨리 Sully, Henry 110~111, 187
세금
  시계 건설에 부과된 ~ 176~177
  시계 소유에 부과된 ~ 194
센다이 仙臺 144
소믈리에 Sommelier 100
솔라 프라이스, 데릭 J. 드 Solla Price, Derek
  J. de 17, 168
수도사(초기 시계 제작자) 80~81, 84, 86,
  185
수학(시계 제작과의 관계) 48쪽 이하,
  127~128, 132, 147, 185, 188
슈타인뮐러, 린하르트 Steinmüller, Lienhard
  180, 186, 189
스미스, 애덤 Smith, Adam 인용 107

스웨덴 44, 45, 67, 80~81, 109, 117,
  137, 138, 시계 제조업 소재지도 보라.
스위스 44, 시계 제조업 소재지, 제네바도
  보라.
스코빌 교수, W. C. Scoville, W. C.
  109~110
스코틀랜드 시계 제조업 소재지를 보라.
스타들랭, 프랑수아루이 Stadlin, François-
  Louis 129, 200~201
스톡홀름 83
쓰다 스케자에몬 津田助左衛門 142
시간 측정
  유럽과 일본의 차이 142, 146~147
  유럽과 중국의 차이 146~147, 208
시계 소장품 목록
  로베르테, 플로리몽 177
  M. A. 젤리스 M. A. Gélis(파리) 200
  중국(황제) 125~131, 135~136, 145,
    200~201, 202, 203
  카를 5세 177
시계 제작의 전문화
  유럽 106~107, 193~194
  일본 205~206
시계 제조업 소재지
  덴마크 80, 83, 188, 195
  독일 44, 81, 82, 84, 96~97, 108
  러시아 108~109
  스웨덴 80~81, 109, 179, 188, 194
  스위스 80, 83, 84쪽 이하, 95쪽 이하,
    100, 106쪽 이하, 137, 193,
    195~196

스코틀랜드 80, 182, 191, 194
영국 80, 83, 85~86, 95, 99~106, 191~192, 193~194, 195~196
이탈리아 40~45, 66~74, 80, 84
일본 142~147
중국 122~123, 145, 시계 소장품 목록도 보라.
프랑스 58~59, 64, 74쪽 이하, 81쪽 이하, 98, 105, 109~113

아 ──

아그리콜라, 게오르크 Agricola, Georg 35
아널드, 존 Arnold, John 86, 187, 203~204
아라이 하쿠세키 新井白石 206
아르키메데스 30, 131
아부 알알라 알마리 Abū al-'Alā' al-Ma'arrī 57
아스트로노무스, 페트루스 Astronomus, Petrus 179
아우크스부르크 Augsburg 82, 96, 97, 99, 181~182, 188~189
아인하르트 Eginhard 인용 36
아카풀코 Acapulco 198
안트베르펜의 몰락 97
알레마뉴, 장 드 Alemaigne, Jehan d' 81, 179
알베르티, 레오네 바티스타 Alberti, Leone Battista 35
알자자리 Al-Jazari 37, 168
알폰소 1세 Alfonso I 184
앙리 2세 Henry II 181
애서 Asser 170

앨프리드 Alfred 170
양초 75, 170
에도 144, 150, 206
에드워드 3세 Edward III 80
에르굼, 랄프 Erghum, Ralph 80
에를랭, 크레티앵 Herlin, Chrétien 87, 185
에벌린, 존 Evelyn, John 49
에스파냐–프랑스 전쟁이 이탈리아에 미친 영향 43
에스파냐 41~42
에이블, 클라크 Abel, Clarke 인용 134~135
엔리코 Henrico 79
엘리자베스 1세 Elizabeth I 101, 102
엘먼, 벤저민 Elman, Benjamin 15
열하 熱河 130
영국 42, 시계 제조업 소재지, 동인도회사, 런던도 보라.
예수회
일본에 간 선교사들 135쪽 이하
중국에 간 선교사들 123~135, 136쪽 이하, 200쪽 이하
오레스무스, 니콜라스 Oresmus, Nicolas 210
오사카 144, 150
오스만 113, 137, 196, 197
오스벡, 페르 Osbeck, Pehr 인용 145
오우치 요시타카 大內義隆 135
와도케이 144, 205, 206
왕반 王泮 125
요한 John 79
욜랑, 자크 Yolens, Jacques 79

우발디누스 데 플로렌티아Ubaldinus de
　　Florentia　79
원명원　130, 201
원뿔형 도르래　76, 106, 164
월링포드의 리처드Richard of Wallingford
　　80
위그노
　　네덜란드로 피난한 시계공들　190
　　덴마크　195
　　스위스　99~101, 109~110
　　스코틀랜드　195
　　영국　103~105, 109~110
위르소, 니콜라Urseau, Nicholas　102
위스망, 조르주Huysman, Georges　174
유대인(카탈루냐의 시계공)　80
인쇄술의 발명　33, 47, 169
일본
　　시계를 자체 생산하다　142~144
　　유럽산 시계의 도입　135
　　유럽인의 급증　149
　　중국과의 차이　144~151
　　화기를 선호하다　142
입센, 헨릭Ibsen, Henrik　101

자 ──

자물쇠공(초기 시계공)　79, 80, 81, 83~84,
　　85, 178, 179, 182
자오칭肇慶　124, 125, 131
잔스트레이크Zaanstreek　190
장멍린蔣夢麟 박사 인용　132~133
전이경田爾耕　127

제네바　82, 83, 84, 85, 95, 98, 100~101,
　　104, 106~107, 110, 111~112,
　　180~181, 182, 193
조토 디 본도네Giotto di Bondone　29, 56
종(중세 사회의 역할)　54~55
종교개혁이 시계 제조업에 미친 영향
　　98~99, 100, 190, 195, 위그노도 보라.
중국
　　기술 지식에 대한 태도　49~50,
　　　147~148
　　서양 기술의 유입에 적대적인 사회적,
　　　경제적 상황　131~133, 147~148
　　시계를 장난감으로 여기는 경향
　　　131~133
　　시계에 대한 관심　123쪽 이하
　　시계의 초기 형태　57, 122~123
　　외국 발명품에 대한 태도　131~132,
　　　145~146, 207
　　일본과의 차이　139~142, 145~151
중세의 기술 진보　29~36, 37쪽 이하
진서陳瑞　123
진자의 첫 사용　88, 105, 165

차 ──

첼리니, 벤베누토Cellini, Benvenuto　184
총포공(초기 시계공)　79~80
측시학의 기구　161~165, 폴리옷, 원뿔형
　　도르래, 진자, 태엽, 굴대도 보라.
치너, 에른스트Zinner, Ernst　17, 171, 177
치마부에Cimabue(첸니 디 페피Cenni di Pepi)
　　56

카 ──

카를 5세Charles V 177
카를레티, 프란체스코Carletti, Francesco 인용
 119~120, 132, 198, 202
카스텔Castel 형제 111, 112
카포비안코, 조반니 조르조Capobianco,
 Giovanni Giorgio 189
칼뱅, 장Calvin, Jean 100
캐리, 존Cary, John 인용 95, 121
컬럼, 앤드루Cullam, Andrew 191
케루비노Cherubino 184
케플러, 요하네스Kepler, Johann 158
코스터, 살로몬Coster, Salomon 105
코펜하겐 83
콘라두스 테오토니쿠스Conradus
 Teotonicus 179
콜링우드, 로빈Collingwood, Robin 인용 150
쿠드레이, 쥘리앵과 기욤Coudray, Julien
 and Guillaume 98
쿠파프노Kupavno 108~109
쿠퍼, 루이스Cuper, Lewis 104, 191
쿠퍼 가Cuper family 104, 191~192
퀘어, 대니얼Quare, Daniel 106, 195
퀴드리팽, 피에르Cudrifin, Pierre 79, 180
퀴쟁, 노엘Cusin, Noël 79
퀴쟁, 샤를Cusin, Charles 189
크라처, 니콜라스Cratzer, Nicholas 102
크레모나의 리우드프란드Liudprand of
 Cremona 인용 36~37
클라블레Clavelé 190
클레로, 알렉시 클로드Clairault, Alexis

Claude 187
클렙시드라(물시계) 36, 53~54, 55, 122,
 168, 171, 199
키도네스, 데메트리우스Cydones,
 Demetrius 38

타 ──

태엽
 중국인이 제작 과정에서 겪은 어려움
  205~206
 첫 사용 76~78, 177, 193
태엽 제조공 106, 193
토마스Thomas 174
톰피언, 토머스Tompion, Thomas 85, 195
툴루즈Toulouse 83, 185
트레플러, 요한 필립Treffler, Johann Philipp
 187
트리고, 니콜라Trigault, Nicolas 188

파 ──

파리 58~59, 77, 81~82, 84, 96, 98, 99,
 100, 104, 109~113, 173, 179, 181,
 186, 187, 195
파리의 기욤William of Paris 175
파리의 장Jehan of Paris 77
파워스, H. Powers, H. 인용 48
파티오 드 뒬리에, 니콜라스Fatio de
 Duillier, Nicolas 87
팔라디오, 안토니오Palladio, Antonio 35
팔라이올로구스, 콘스탄티누스Paleologus,
 Constantinus 38

페르네 Ferney 109
페즈 Fez 126
포르타, 잠바티스타 델라 Porta, Giambattista della 35
포르투갈 109, 117, 120, 133, 148, 149, 197, 209
포머런츠, 케네스 Pomeranz, Kenneth 15
포비에, 피에르 드 Fobier, Pierre de 100
폰타나, 톰마소 Fontana, Tommaso 35
폴렘, 크리스토퍼 Polhem, Christopher 109, 194
폴로, 마르코 Polo, Marco 38, 56
폴리옷 55, 56, 57, 78, 87~88, 143, 161~162
풀, 에마뉘엘 Poulle, Emanuel 15
뷔만, 얀과 빌렘 Vueman, Jan and Willem 80
프란시스코 사비에르 Francisco Xavier 135
프란체스코 디 조르조 마르티니 인용 34~35, 47
프랑스 41, 42, 43, 44, 50, 시계 제조업 소재지, 동인도회사, 위그노, 파리도 보라.
프로만틸, 존 Fromanteel, John 105, 187
프루아사르, 장 Froissart, Jean 인용 59, 158, 173
프리드리히 2세 Frederick II 108
플라톤 35
플람마, 갈바노 Flamma, Galvano 168
플랑, 장 Flanc, Jehan 98
플렌스보르 Flensborg 80
피블스 Peebles (스코틀랜드) 194

피아첸차, 조반니 에반젤리스타 다 Piacenza, Giovanni Evangelista da 66
피에르 드 생트베아트 Pierre de Sainte Béate (페트루스 드 산타베아타 Petrus de Santa Beata) 176, 180
피장, 크리스틴 드 Pisan, Christine de 인용 75
피타고라스 67
피플라르, 피에르 Pipelard, Pierre 132, 178
피핀 Pepin 170
필라레테, 안토니오 Filarete, Antonio 35
필리프 4세 Philip IV 74~75, 176

하 ──

하룬 알라시드 Haroun al-Rashid 36, 171
하비, 가브리엘 Harvey, Gabriel 인용 48
하위헌스, 크리스티안 Huygens, Christian 87, 88
하일브론, 존 Heilbron, John 15
하코트스미스, 사이먼 Harcourt Smith, Simon 130, 200, 201
할더, 하인리히 Halder, Heinrich 178, 180
해리슨, 존 Harrison, John 86
『헤다 가블러 Hedda Gabler』 101
헤론 Heron 30, 131, 199
헤이그 Hague, The 83
헥스터, 잭 H. Hexter, Jack H. 11
헨라인, 페터 Henlein, Peter 96, 188, 189
헨리 8세 Henry VIII 101, 102
홀 박사, 루퍼트 Hall, Rupert 46
홍콩 202

화약의 발명 47, 169
화이트 교수, 린White, Lynn 인용 69~70
후안 1세 John I 65
후크, 로버트 Hooke, Robert 87, 105
휴대용 시계 watches(소형 시계) 77쪽 이하,
   83~84, 95, 97, 102~103, 106쪽 이하,
   129, 137~138, 144, 177~178, 184,
   187~188, 194, 196~197, 203~204

30년 전쟁이 독일에 미친 영향 96

시계와 문명
1300~1700년, 유럽의 시계는 역사를 어떻게 바꾸었는가

발행일	2013년 8월 10일 (초판 1쇄)
	2021년 9월 30일 (초판 4쇄)
지은이	카를로 M. 치폴라
옮긴이	최파일
펴낸이	이지열
펴낸곳	미지북스
	서울시 마포구 상암동 2-120번지 201호 (우편 번호 121-830)
	전화 070-7533-1848 팩스 02-713-1848
	mizibooks@naver.com
	출판 등록 2008년 2월 13일 제313-2008-000029호
책임 편집	권순범
출력	상지출력센터
인쇄	한영문화사
ISBN	978-89-94142-29-6 93920
값 13,000원	

- 트위터 @mizibooks
- 블로그 http://mizibooks.tistory.com
- 페이스북 http://facebook.com/pub.mizibooks